AF453946

LE NAUFRAGE

OU

LES DEUX RICHARDS.

V.

LE NAUFRAGE

OU

LES DEUX RICHARDS,

Par CHARLOTTE BOURNON MALARME,

DE L'ACADÉMIE DES ARCADES DE ROME.

TOME CINQUIÈME.

A PARIS,

Chez LEROUGE, Libraire, Cour du Commerce, faubourg
Saint-Germain, quartier Saint-André-des-Arcs.

1812.

LE
NAUFRAGE.

CHAPITRE XLIV.

LE voyage des deux familles se fit sans aucun événement remarquable, et leur arrivée causa beaucoup de joie dans le pays. Ce n'est pas que les pauvres dont on prenait soin eussent été privés de secours durant l'absence de leurs bienfaiteurs, Mettlesome et Samuel ne mirent aucune négligence à exécuter les actes de générosité prescrits par leurs maîtres, mais on aime à voir ceux qui soulagent nos maux. On trouve du plaisir à leur donner des preuves de gratitude. Aussi dès qu'on fut instruit que les propriétaires de Quicklyraised-Lodge et ceux de la solitude devaient se mettre en route, tous les pêcheurs des environs furent au-devant d'eux, et témoignèrent leur joie par des *huzza* (*) souvent répétés ; et, l'entrée de M. Parker, de monsieur et de mistress Irwine et de leurs amis, fut pour tous un triomphe d'autant plus flatteur, que c'était la reconnaissance et non le devoir qui en faisait les frais. Diana embrassait son père avec autant d'orgueil que s'il eût été le premier pair de la Grande-Bretagne. Tandis que Maria tendait affectueusement la main au bon vieux Peters, qui, après la réhabilitation de la mémoire d'Herbert Armsbury, était retourné à la solitude, où il voyait s'écouler doucement la fin de sa longue carrière ; sensible aux bontés de mistress Irwine, Peters, en baisant sa main, osa la presser contre son cœur. Les deux concierges, munis de la confiance de leurs maîtres, prouvèrent qu'ils en étaient dignes par la manière loyale dont ils avaient géré leurs biens durant leur long séjour à Londres. Molly et Mettlesome se revirent avec un plaisir qui n'eût pu être plus vif dans les premiers temps de leur

---

(*) Exclamation du peuple pour témoigner sa joie.

mariage. L'hospice des naufragés était aussi devenu l'asile des gens trop âgés pour pouvoir gagner leur vie ; ils y étaient bien nourris, bien couchés, et n'avaient d'autre occupation que celle de bénir les ames bienfaisantes qui prenaient soin de leurs derniers jours. Le bon homme Peters, chargé par Maria de voir si ses intentions étaient exactement remplies, passait tout son temps avec les vieillards des deux sexes, retirés à l'hospice *des deux Richards*, c'était le nom que mistress Irwine avait désiré qui fût donné à cet hôpital, comme un monument érigé en l'honneur du généreux dévouement du brave et humain Jack Mettle-some.

Le séjour de la campagne semblait avoir éloigné les idées sinistres qui s'étaient emparées à Londres de l'esprit de Maria. Entourée de ceux qu'elle aimait, elle n'avait conservé d'inquiétude que sur le compte de Richard II. Ce jeune homme n'avait pas manqué de lui écrire une fois par semaine ; ses lettres étaient tendres, affectueuses : ses sentimens nobles et reconnaissans se manifestaient dans toutes ses expressions, mais il ne parlait ni du comte ni du projet de venir rejoindre ses amis. Dans ses deux premières réponses elle suivit son exemple, néanmoins son attachement l'emporta sur l'humeur, et elle lui témoigna sa surprise et son chagrin de le voir payer d'indifférence la tendresse de ceux qu'il devait chérir. Un intervalle plus long que de coutume s'écoula sans recevoir de nouvelles de l'orphelin. Richard Ier., qui avait obtenu un congé de quelques mois, écrivit à son ami dans les termes les plus pressans. L'inquiétude devenait générale sur un silence aussi extraordinaire; Maria engagea son mari à envoyer Bob à Londres, à l'effet de prendre des informations. Au moment où le valet-de-chambre de M. Irwine allait se mettre en route, un cavalier arrive dans la cour, et tandis qu'il descend de cheval, le nom de Richard II est porté jusqu'à l'appartement de Maria. Oubliant qu'elle doit paraître un peu fâchée, elle va au-devant du jeune homme. Dick veut se mettre à genoux, elle lui ouvre les bras, et le presse tendrement sur son sein.—Te voilà donc enfin, mon cher enfant! juge au plaisir que me fait ton arrivée du chagrin que j'ai dû éprouver par ton silence ? — Pardon, pardon, chère, éternellement chère maman, ce n'était pas par une lettre que je pouvais vous témoigner ma reconnaissance ; je voulais venir, et mille obstacles ont retardé mon départ. En un instant la chambre fut remplie des habitans de la solitude, l'orphelin fut embrassé et fêté. Cependant la joie de mistress Irwine diminua sensiblement quand elle apprit que Dick était venu avec le comte Macclesfield, qu'il avait laissé à Bounded-Sight, terre que sa seigneurie venait d'acheter, et qui était située à une petite distance de la solitude. Instruit de l'arrivée de Richard II, le jeune Parker accourut pour le voir ; ces deux aimables garçons se témoignèrent l'attachement le plus vif et le plus sincère. Edwine, qui n'était pas gênée par la présence de son père, joignit sa douce voix à celle des amis de l'orphelin, pour lui assurer qu'elle partageait la satisfaction générale. Un regard dût exprimer à miss Parker combien son aimable attention faisait de plaisir à l'heureux Dick. Sans entrer dans aucun détail, Richard II dit tout simplement, que les médecins ayant ordonné à sa grace l'air de la campagne, elle avait préféré venir dans un lieu qu'il était curieux de connaître, n'en étant propriétaire que depuis peu de temps, choix que lui, Dick, avait, comme on devait le présumer, fort approuvé. Après cette légère explication on n'en parla plus.

Presque tous les jours l'orphelin venait passer deux ou trois heures, soit à la solitude, soit à Quicklyraised-Lodge, il était de nouveau regardé comme l'enfant de la maison.

Il y avait six semaines que l'on habitait la campagne, quand un jour vers midi on entendit un carrosse entrer dans la cour, et peu d'instans après on annonça à mistress Irwine le prince Tungchanum et M. Siba. — Quelle opiniâtre persécution, dit à demi-voix Maria, en s'adressant à mistress Lovely. Son altesse, qui avait suivi le valet, se trouva en même temps que lui dans le salon, et entendit ces mots peu flatteurs pour son amour-propre. Il eût été fort maladroit de les relever, le prince ne le fit pas, et se présenta avec un air délibéré qui annonçait la croyance où il était d'être bien reçu. L'abord de Maria dût se ressentir de ses dispositions peu favorables, un air sérieux et resserré, une politesse excessivement froide auraient dû faire sentir aux étrangers qu'ils n'étaient ni attendus ni désirés. Siba, toujours chargé de porter la parole, demanda s'il ne serait pas possible de saluer M. Parker, M. Irwine et les jeunes dames? Edward entra en ce moment, et fit beaucoup d'accueil au prince. Il était fort éloigné de partager les sentimens de son épouse sur le compte du Tangien et de son ami. La laideur du prince, à la vérité, pouvait inspirer un certain dégoût pour sa personne, mais ce n'était pas une raison pour donner mauvaise opinion de ses mœurs et de son caractère. Afin de laisser les dames libres de faire leur toilette, M. Irwine proposa aux étrangers de leur faire voir un établissement digne de leur curiosité, et il les conduisit à l'hospice des deux Richards. Le prince et son ami s'étendirent en éloges, et le premier demanda instamment qu'on lui permît d'être de moitié dans les frais que devait coûter cet hôpital. M. Parker, qui était venu les rejoindre, dit que sa fortune et celle de son ami Irwine étaient assez considérables pour suffire à des dépenses qui, d'après l'ordre qu'on avait établi, n'étaient pas très-considérables. En traversant une des salles où se trouvaient plusieurs vieillards, le prince éprouva un tremblement qui le fit chanceler. Siba, le voyant prêt à tomber, le soutint, en s'informant des raisons qui avaient pu le mettre dans un si fâcheux état. — Sortons vite d'ici, dit son altesse, le plus bas possible : le siamois l'emmena en le tenant sous le bras. MM. Irwine et Parker parurent inquiets de cet accident; Siba en donna pour excuse une légère odeur qui était répandue dans les salles, et qui sans doute avait porté au cœur du prince.

Deux ou trois vieux pensionnaires suivirent pour offrir à l'étranger du vinaigre et des sels : Peters apporta un verre d'eau. On avait fait asseoir son altesse sur un banc dans le jardin; en avançant la main pour prendre le verre qu'on lui présentait, le Tangien eut un second tressaillement qui lui fit répandre toute l'eau. Il baissa la tête sur sa poitrine et serra fortement la main de son ami. — Le mieux serait, je pense, dit le siamois,

de l'éloigner de l'hospice, la même
odeur se fait encore sentir, le grand air
seul. peut dissiper ces vapeurs spasmo-
diques. Ma tête n'est pas non plus dans
son état ordinaire. — Je puis vous assurer, monsieur, dit le bon homme Peters,
que l'on ne brûle rien ici, et que l'air
qu'on y respire est aussi pur que par-
tout ailleurs. — Je vous crois, mon ami,
mais je n'en insiste pas moins pour aller
plus loin. Le zélé Peters prit un des bras
du prince pour aider Siba à le conduire
hors de l'enceinte. — Permettez, milord,
dit le bon homme, que je vous soutienne
de ce côté-ci. Tungchanum retira brus-
quement son bras, et repoussa l'obli-
geant Peters, qui, peu ferme sur ses
jambes, fut au moment de tomber. Un
pareil accueil ne l'engagea pas à récidi-
ver ses offres, il se retira en arrière.
M. Parker, témoin du procédé de l'é-
tranger, s'en éloigna et fut rejoindre Edward qui donnait des ordres dans l'intérieur. — Avez-vous donc perdu la
tête, dit Siba à son ami ? Rien de plus
ridicule et de plus imprudent que votre
conduite ? — Suivez-moi et quittons vite
ce lieu, dit son altesse en se levant pré-

cipitamment. Les vieillards les regar-
dèrent sortir avec un étonnement stupide.
— Cet étranger, dit Peters, a une figure
patibulaire. — Où est le prince, demanda M. Irwine en rentrant dans le
jardin ? — Il s'est enfui comme un vo-
leur, dit encore Peters ; on dirait qu'il
a eu peur de nous. — Si tous les habitans de son pays lui ressemblent, dit
l'homme le plus âgé, je remercie le ciel
de ne m'y avoir jamais conduit.—Qu'a-
t-il donc dit, demanda Edward ? — Il
n'a pas parlé.—Du moins à nous, reprit
Peters, mais bien à son compagnon : *sui-*
vez - moi, et quittons vite ce lieu,
a-t-il dit d'une voix altérée. N'avez-
vous pas remarqué, vous autres, que
son regard avait quelque chose de si-
nistre ? — Tout prince qu'il est, je ne
voudrais pas me trouver seul avec lui
dans un bois : j'ai vu des brigands dont
l'air était moins féroce. M. Parker, qui
entendit ces derniers mots, convint que
son altesse n'avait pas un visage revenant, mais qu'il serait injuste de l'en
rendre responsable. Thomas et M. Irwine rentrèrent dans le parc de la solitude. Ils rencontrèrent les étrangers

qui gagnaient lentement la maison : le prince était parfaitement remis. Il dit, comme son ami, que son malaise avait été occasionné par une odeur de genièvre brûlé, qu'il avait en antipathie. On rentra, et Tungchanum parut tout-à-fait bien.

Dans l'après-dînée, Richard II vint à la solitude, et ne vit pas sans étonnement les nouveaux hôtes qui s'y trouvaient. Le prince de Laos fit de vains efforts pour dissimuler l'espèce de haine que lui inspirait ce jeune homme, qui, de son côté, sentait pour son altesse beaucoup d'éloignement. Siba chercha à se rapprocher de Dick : son extérieur n'avait pas le repoussant de celui de son ami; il était insinuant, et ne craignait pas de faire les premières avances. L'orphelin était peu porté à former d'intimes liaisons; il rendit à Siba ses politesses, mais évita de se trouver avec lui. Après d'inutiles efforts, le siamois perdit l'espoir d'obtenir l'amitié de celui qui semblait s'entendre avec mistress Irwine, pour témoigner à son ami et à lui l'éloignement le plus décidé.

Les étrangers furent invités par Edward à passer deux ou trois semaines à la solitude ; personne ne joignit sa voix à la sienne. Le peu de plaisir que faisait leur présence à Maria, était une raison suffisante pour faire désirer à ses amis qu'ils ne prolongeassent pas leur séjour. M. Parker, qui les voyait d'abord avec une sorte de satisfaction, parce qu'ils jouaient fort bien aux échecs, et que Siba était instruit et causait agréablement, s'en était tout-à-fait détaché depuis l'aventure de l'hospice. Le seul Edward continuait à leur faire politesse. Quels étaient donc ses motifs, lorsqu'il ne pouvait douter de l'éloignement que sa chère Maria avait pour eux ? Le respect pour les actions justes. Tungchanum n'avait jamais cessé de témoigner à tout le monde les attentions les plus marquées, aucune dépense ne lui avait coûté à faire pour se rapprocher des personnes dont il ambitionnait l'amitié ; devait-il, pouvait-il répondre par une conduite malhonnète à des avances que nulle raison d'intérêt ne le portait à faire, et qui, selon toutes les apparences, n'était guidé que par le désir de mériter qu'on payât son attachement de retour. C'était sans doute agir comme un honnête homme, mais il eût eu fort peu d'imitateurs, d'autant mieux que lui-même se reprochait intérieurement d'être aussi peu disposé que les autres en faveur du prince. En général Siba déplaisait beaucoup moins que son ami, effet ordinaire de la prévention. Le siamois était parfaitement bien de son personnel, et son altesse avait une laideur repoussante.

Il paraîtra sans doute extraordinaire qu'un homme semble s'obstiner à rester dans une maison en dépit de tout le monde. Peut-être le prince avait-il trop d'amour-propre pour croire à une aussi fâcheuse vérité ; peut-être, espérait-il, par une continuité de dévouement, conquérir une estime si difficile à obtenir ; peut-être, aussi, avait-il des raisons péremptoires pour cultiver la connaissance des deux familles. Ses intentions sont encore un problême que la suite nous aidera à résoudre. Pour éviter de paraître indiscret, Tungchanum ne s'était fait accompagner par aucun valet.

Malgré les continuelles assurances que le comte Macclesfield donnait journellement à son fils adoptif de surmonter tous les obstacles qui s'opposaient à son union avec miss Parker, Richard II ne pouvait se livrer à un espoir que la vraisemblance démentait. A la vérité, M. Parker le traitait avec les mêmes bontés qu'avant la découverte qu'il avait faite de son amour pour sa fille ; mais il savait, par Diana, qu'il n'en était pas plus disposé à admettre dans sa famille un homme qui ne tenait à personne, et dont la naissance était très-équivoque. Richard Ier. et miss Mettlesome se trouvaient aussi dans une semblable situation : nulle perspectives de félicité ne s'ouvrait aux regards des quatre jeunes gens, et ce qui ajoutait à leur peine, c'était la nécessité de la dissimuler sous une apparence de gaîté si éloignée de leur cœur.

— Il m'est impossible, cher enfant, dit un jour le comte à l'orphelin, de supporter plus long-temps le spectacle de ta douleur, je veux faire cesser tes chagrins, je te l'ai promis, je tiendrai ma promesse, mais il faut que tu me procure l'occasion de voir et de parler au père d'Edwine. Si je me rendais directement à Quicklyraised-Lodge, peut-être refuserait-on de me laisser entrer. C'est à toi à m'y conduire. — Ce que vous demandez, mon père, est impossible. Mes amis ont exigé ma parole que jamais, par mon moyen, vous n'auriez accès chez eux. — Ils me haïssent donc beaucoup? Dick baissa les yeux d'un air confus. — Ne crains pas de me regarder, mon fils, tu ne m'as pas offensé. Ils ne me font point d'injustice, j'ai de grands torts avec eux; et vois combien l'homme est inconséquent dans sa conduite : je te dois un changement bien favorable dans mes mœurs et mes sentimens, néanmoins, sans mon attachement pour toi, je n'eusse jamais consenti à les réparer, et serais mort avec mon secret; ce que je te dis doit te paraître fort peu clair, bientôt, mon cher Richard, tu seras instruit de particularités qui te surprendront. Je n'insiste pas pour être aidé par toi dans mon projet. Ta parole ne sera point faussée, et tout ira bien; dors tranquille cette nuit, demain sera pour toi un bien beau jour, si, comme je n'en doute pas, tu attaches ton bonheur à obtenir la main de mis Parker. Dick écoutait sa seigneurie avec un mélange d'espoir et d'incrédulité. L'air de confiance du comte semblait annoncer la certitude de réussir, et, cependant, la raison lui défendait de s'en flatter. Richard II ne profita pas du conseil de milord Macclesfield, il ne dormit point, mais ce ne fut nullement la joie qui troubla son repos ; malgré la propension qu'ont tous les amans à croire ce qu'ils désirent, l'orphelin ne se livra pas à l'espérance, et redoutait au contraire que la démarche de son protecteur ne lui nuisît dans l'esprit de ses amis.

A midi le comte fit mettre ses chevaux, quitta Bounded-Sight, tandis que Dick était allé faire sa promenade journalière ; à son retour on lui dit que sa seigneurie était absente depuis près de deux heures. Ces mots causèrent un battement de cœur au jeune homme. Il se hâta de monter dans sa chambre, et y attendit, dans une anxiété impossible à décrire, le retour du comte. Au moindre bruit il courait à sa fenêtre, souvent son agitation était si
vive

vive qu'il était forcé de se tenir aux meubles pour ne pas tomber. Il passa une partie de la journée dans ce terrible état. Vers le soir le carrosse du comte entra dans la cour, mais il était vide. Une inquiétude, qui ne l'avait pas pour objet, le fit courir pour apprendre peut-être une mauvaise nouvelle. — Où est sa seigneurie? demanda-t-il au domestique qu'il rencontra dans l'escalier. — Milord est à Quicklyraised-Lodge, et vous envoie sa voiture pour que vous alliez l'y joindre. — Votre maître, dites-vous, est à Quicklyraised - Lodge? — Oui monsieur. — Chez M. Parker? — Oui monsieur. — Et il désire que je l'aille trouver? — Oui monsieur. Dick va prendre son chapeau, monte en carrosse, et le voilà sur un chemin qu'il a souvent parcouru à pied. Une foule d'idées remplissait son esprit, c'était un véritable chaos. Qu'allait - il apprendre? Sans doute on le faisait venir pour l'accabler de reproches. Pauvre Dick! les tourmens sont un si grand supplice que je souffre d'être encore obligé de t'y laisser pendant quelques instans.

Tome V.   2

CHAPITRE XLV.

Presque tous les jours, Thomas Parker allait déjeûner à la solitude. On sait que les deux parcs étaient séparés par un mur, dans lequel on avait pratiqué plusieurs portes de communication. Jamais les amis ne faisaient le tour pour se visiter. Les deux familles étaient tellement unies, qu'on pouvait dire qu'elles n'en formaient qu'une. M. Barfort habitait Quicklyraised-Lodge, mais il passait toutes ses journées à la solitude. Richard Ier. avait un double aimant qui l'y attirait, l'amour et l'amitié, aussi restait-il bien peu de temps dans la maison de son père.

M. Parker arrivait de chez M. Irwine, il n'était pas encore entré dans la library (*), quand son valet-de-chambre vint lui annoncer qu'un homme âgé, vêtu très-simplement, demandait à lui parler. — Vous a-t-il dit son

____

(*) Bibliothèque.

nom ? — Je le lui ai demandé, il m'a répondu qu'il le dirait lui-même à M. Thomas Parker. — Priez-le d'entrer ; un vieillard se présente ; le valet avance un siége et se retire. L'inconnu, pendant ce temps, s'était arrêté, et regardait Thomas avec beaucoup d'attention ; il tenait son mouchoir devant sa bouche, ce qui lui couvrait une partie du visage. — Vous vous nommez Thomas Parker, dit l'étranger ? — Oui monsieur. Thomas sentit un froid glacial se glisser dans ses veines. — Vous avez été absent long-temps de votre patrie, car je vous crois Anglais, et non Américain ? — Ces questions sont..... — Indiscrètes, n'est-ce pas ? — Au moins me paraissent-elles déplacées. — Veuillez entendre, sans humeur, toutes celles que je vais encore vous faire, je vous expliquerai ensuite le motif qui autorise ma curiosité, et vous l'approuverez. En parlant, le comte, car c'était lui, se plaça dans le fauteuil que M. Parker avait quitté pour le recevoir. Le ton, plus que familier, de l'étranger, déplut beaucoup à Thomas, cependant il ne le témoigna pas, et fut s'asseoir à une légère distance de l'homme étonnant qui s'introduisait chez lui d'une manière aussi libre. — Vous aviez un frère aîné, lord Edmond Parker, en avez-vous des nouvelles ? — Aucune. — Depuis votre retour en Angleterre vous avez sûrement cherché à regagner les bonnes graces du comte Macclesfield, votre père ? — Vous êtes mal instruit, monsieur, il y a bien long-temps que j'ai perdu mon père. — Cette réponse amphybologique ne peut me satisfaire. Thomas se leva avec l'intention d'ordonner à l'inconnu de sortir ; ce mouvement de colère se calma à l'instant même, il se rassit et répondit froidement : — J'en suis fâché. L'inconnu ne parut pas faire attention à l'impatience de M. Parker, et continua. — Votre épouse a cessé de vivre, je présume ? Cette question ramena au souvenir de Thomas des regrets qui lui arrachèrent un soupir. — Vous avez deux enfans dont on dit beaucoup de bien, je les ai vus, ils méritent qu'on s'intéresse à leur sort. — Ni mes enfans, ni moi, dit Thomas avec fierté, n'avons besoin d'aucune protection. — Comment, il n'est personne au monde dont vous seriez bien aise d'obtenir l'estime et l'amitié? — Un honnête homme à des droits incontestables à la première, ainsi elle m'est due; quant à l'autre, j'ai fait mon choix et n'ai nul désir de l'étendre. — Etes vous bien sûr de n'avoir aucun reproche à vous faire? — J'en suis sûr. — Je n'en puis dire autant, dit l'inconnu, en dérangeant son mouchoir. M. Parker le regarde, et reconnaît son père. Son premier mouvement le porta à fuir, le second à tomber aux genoux du comte. — Relève-toi, mon fils, ce n'est pas un juge sévère qui t'apparaît, mais un père repentant. Ta faute était grande, sans doute, mais elle ne justifie pas l'extrême dureté dont je t'accablai. — Tout, tout est oublié, mon père, puisque vous me rendez votre tendresse. — Que j'étais ennemi de moi-même dit sa seigneurie, en s'essuyant les yeux, quand je me privai volontairement d'un bonheur au-dessus de tous ceux qu'un mortel puisse goûter, celui de serrer dans ses bras un enfant vertueux. Thomas se jeta sur le sein de son père. Cette scène touchante se prolongea au point de donner de l'inquiétude aux domestiques de M. Parker, qui savaient leur maître enfermé avec un inconnu : son fidèle valet-de-chambre, au risque de s'attirer une légère réprimande, osa ouvrir doucement la porte. Thomas était toujours à genoux, et pressait sur son cœur la main du vieillard. M. Parker l'aperçut. — Soyez témoin de ma félicité, Hamper, le comte Macclesfield est mon père, et me reconnaît pour son fils. — Hamper, dit le comte avec bonté, je vous prie de nous garder le secret, seulement pendant quelques heures. — Le bonheur de mon maître me rend si heureux que je ne répondrais pas de pouvoir me taire, ainsi, pour obéir aux ordres de votre seigneurie, je vais me sauver dans l'endroit le plus écarté, afin de ne rencontrer personne. La manière dont ce bon serviteur exprimait son attachement à son maître, fit le plus grand plaisir au comte.

Milord Macclesfied exigea que son fils lui rendît un compte exact de tout ce qui lui était arrivé depuis leur séparation, et il écouta ce récit avec autant d'intérêt que d'attendrissement. Le

comte s'imposa, à son tour, la péni-
tence de faire le plus entier aveu de
toutes ses fautes — Je veux, dit-il, mon
cher Thomas, que tu connaisse l'étendue de mes obligations envers un bon
jeune homme pour lequel je désire
t'inspirer assez d'amitié pour ne pas lui
refuser une grâce qui m'aidera à ac-
quitter une partie de la reconnaissance
que je lui dois. M. Parker sourit, et
dit, en baisant la main du comte : —
Je prie mon père d'être bien persuadé
que ses désirs seront toujours une loi
pour moi.

Ce ne fut point un abrégé de sa vie
que milord Macclesfield donna à son
fils, mais une relation exacte de toutes
ses aventures, il ne lui cacha même
pas ce qui, en le racontant, couvrit
plusieurs fois son front de la rougeur
de la honte. Ses aveux furent aussi vé-
ridiques que son repentir était sincère.
L'homme honnête et délicat souffrit en
l'écoutant, mais le fils indulgent ex-
cusa (*). Sa grace finit par demander

(*) Dans l'auteur de mes jours, disait un
jeune homme qui accompagnait son père à
l'échafaud, je ne puis voir un coupable.

à son fils la main d'Edwine pour son jeune ami, à qui il devait la vie et le recouvrement de la vertu. — Richard ne connaît pas ses parens, dit le comte en terminant, donnons-lui une famille. Les titres de notre maison appartiennent à ton fils. L'orphelin prendra le nom de Parker, il partagera mes biens avec mon petit-fils, par ce moyen tes deux enfans jouiront de leurs droits. — Vos vœux seront remplis, dit Thomas, et je dois ajouter qu'ils sont entièrement conformes à mes sentimens. Richard II est un vertueux jeune homme que je chéris tendrement, plus d'une fois je me suis affligé de causer son malheur, mais il me semblait que je ne pouvais, sans mériter le blâme, donner pour époux à ma fille un homme dont la naissance était douteuse : j'eusse préféré qu'il fût le fils d'un honnête artisan. — Qui sait, reprit le comte, si cet enfant ne tient pas à des parens distingués. D'après les différentes circonstances qu'il m'a racontées on peut le présumer. — Il est de fait qu'il appartient, du moins, à des gens riches, mais comment les découvrir ? — Pourrai-je
voir

voir le billet qui annonçait les papiers qui ont été perdus.—Sans aucun doute, mistress Irwine ne fera aucune difficulté de vous les montrer. — Mistress Irwine, dis-tu ? Hélas ! voudra-t-elle consentir à recevoir celui qui a encouru son mépris et sa haine ? Ah ! Thomas, quel bien tu ferais à ma conscience, si tu pouvais m'obtenir mon pardon. — Je suis sûr qu'elle l'accordera à mon père. — Assure-lui, mon fils, que le Macclesfield d'aujourd'hui ne ressemble en rien au Macclesfield qu'elle a connu autrefois.

Le comte ne doutant pas de l'extrême inquiétude où était son fils adoptif, proposa à Thomas de l'envoyer chercher ; on lui dépêcha un domestique avec le carrosse de sa seigneurie.

M. Parker imaginant qu'en présentant son père sur-le-champ à tous ses amis, cela éviterait les longueurs et sur-tout épargnerait au comte les tourmens de l'incertitude, offrit à sa seigneurie de la conduire à la solitude. L'idée de paraître en présence de la femme qu'il avait si grièvement offensée, fit rougir le vieillard, Thomas voyant son émotion le rassura. — Cette

Maria que vous redoutez, milord, est remplie de bontés et d'indulgence. — Allons donc, mon fils, tes vertus sont un bouclier qui soutiendra ma craintive faiblesse. Il était à peu près l'heure du dîner, c'était l'instant de trouver tout le monde rassemblé. Par une étourderie impardonnable, Thomas n'avait pas songé que le prince et son ami seraient aussi présens, les valets n'avaient pas l'habitude de l'annoncer, il entra dans le salon en donnant le bras au pauvre comte qui tremblait comme un enfant. —Mistress Irwine, et vous tous, mes amis, dit Thomas, je vous présente mon père, milord comte Macclesfield, et vous demande pour lui un partage dans l'amitié que vous voulez bien avoir pour moi. Le comte, toujours appuyé sur son fils, marchait lentement vers Maria. Tout le monde s'était levé, et chaque figure exprimait un sentiment différent, de la surprise, de la froideur, du mécontentement, de l'indifférence et de la joie. Avant d'être arrivé près de la maîtresse de la maison, il se répandit sur le visage du tremblant vieillard une pâleur si excessive, que plusieurs voix s'écrièrent : — Sa seigneurie se trouve mal ! Tout le monde s'empressa autour du comte, mais principalement Richard Ier. et sa sœur. Thomas avait porté son père sur un sopha, miss Parker soutenait sa tête sur son sein, et son frère tenait dans les siennes une des mains de son aïeul. Les sensations qui avaient été d'abord si opposées, se réunirent pour s'intéresser à l'homme repentant, car on ne pouvait considérer que sous ce rapport l'agitation extraordinaire du comte. Ce seigneur revint à lui, et en considérant le groupe qui l'entourait, ses yeux s'humectèrent. Dès qu'il put parler, il prononça ce peu de mots : — Me permettez-vous tous de prétendre à votre amitié ? — Qui serait assez barbare pour vous la refuser, dit mistress Irwine en lui tendant la main ? Cette victoire étant la plus difficile à remporter, tous applaudirent à la conduite de Maria et suivirent son exemple. Edwine, surtout, embrassait et caressait son grand-père, il semblait qu'elle devinait que son bonheur devait suivre cet heureux événement.

3 *

Que faisaient les deux étrangers pendant cette intéressante scène ? Retirés dans l'embrasure d'une fenêtre, ils observaient curieusement. Mistress Lovely, moins préoccupée s'aperçut avec surprise qu'ils avaient eu l'indiscrétion de rester. — Sans doute, messieurs, leur dit-elle, vous ignorez qu'il n'est ni honnête, ni convenable de vouloir pénétrer dans des secrets de famille ; tout ce qui se passe ici, vous étant absolument étranger, vous auriez dû, se me semble, sentir que votre présence y était tout-à-fait déplacée. Il fallut bien céder à cet argument sans réplique. Le prince fit signe à Siba de le suivre, et ils se retirèrent, mais ils avaient été témoins assez de temps pour connaître parfaitement les particularités de cet étrange incident.

Ils se promenaient dans le parterre, quand ils virent passer, pour se rendre à la maison, Richard II. A sa vue les yeux du prince s'enflammèrent. — Serait-il possible, s'écria Tungchanum, en se frappant le front ! Mais, non.... Cela ne peut être.... Si, du moins, nous étions restés un moment de plus j'aurais su.... Plus j'y pense, et moins je puis me persuader qu'un secret enseveli dans.... Personne que moi, et.... Que l'enfer engloutisse l'indiscret! Maudite femme, sans toi.... Siba, ne pourrais-tu pas retourner au salon? Tu es moins observé que moi. — Ce serait éveiller les soupçons. — Les soupçons, dis plutôt les certitudes, si tout est connu. — Homme pusillanime! tu trembles à la seule idée du danger. As-tu cru que l'entreprise la plus hardie n'éprouverait aucun échec? C'est dans les occasions périlleuses qu'il faut déployer un grand courage. Eprouves-tu des remords? va te cacher dans les montagnes, et renonce pour jamais à tes projets; mais si c'est l'appréhension de la mort qui t'effraie, redouble de précautions pour détourner le coup qui te menace. — Je n'éprouve que la crainte de ne pas réussir. Peu m'importe, après le succès, qu'on me prive de la vie, car, alors j'aurai assez vécu, et ma dernière heure serait le plus doux moment de ma vie. — Eh bien! *by God*, de la fermeté, si l'ennemi se présente, faisons une belle résistance, je n'ai pas comme toi plusieurs motifs qui me guident, un seul m'a déterminé, et tu ne me verras pas faiblir. En cet instant, on vint dire au prince que le même homme, qui l'était venu demander plusieurs fois, désirait lui parler , Tungchanum dit qu'on le lui envoyât. Quand l'inconnu eut joint les deux amis, ils s'enfoncèrent tous les trois dans le lieu du parc le plus couvert. Ils reparurent au bout d'une demi-heure. L'étranger prit la porte qui conduisait à la basse-cour et disparut.

Richard II, en descendant de voiture à Quicklyraised-Lodge, fut extrêmement surpris quand on lui dit que M. Parker s'était rendu à la solitude avec un vieillard dont il avait reçu la visite, et qu'ils avaient chargé qu'on lui dise d'aller les rejoindre chez M. Irwine. Dick, sans réfléchir, se hâta de se rendre à une invitation qu'il ne concevait pas. Il voit dans la salle à manger le couvert mis. — On n'a pas encore dîné, lui dit Jenny, qu'il rencontra dans l'antichambre. M. Parker est venu avec un étranger, et l'on ne songe pas à se mettre à table. L'orphelin entre dans le salon, le comte ne lui donne pas le temps de saluer, il lui prend la main, et le conduit devant M. Parker. — Thomas, lui dit-il, embrasse-le d'abord comme un frère, Dick interdit baisse les yeux. — Le titre que sa seigneurie me donne, Richard, ne paraît pas vous plaire? — J'y ai si peu de droits. — Celui que donne la reconnaissance est encore plus fort que la nature, je vous dois la vie de mon père: l'émotion du jeune homme est trop forte pour qu'il devine ce qu'on veut lui faire entendre, il regarde timidement Thomas qui lui tend les bras; il s'y précipite, et jouit d'une grande félicité, en se sentant pressé sur le sein du père d'Edwine. — Aimerais-tu mieux lui donner le doux nom de père, dit le comte en se rapprochant de l'orphelin? Et lui prenant la main dans laquelle il plaça la main tremblante de miss Parker, — Bonté divine! s'écria le jeune homme, un tel bonheur me serait-il réservé? Toujours pressé dans les bras de Thomas, il était loin de penser que la main qui reposait dans la sienne, était celle de la tant aimée Edwine. Néanmoins, il la serrait avec un mou-

vement convulsif. Tout son corps fré-
missait, et mistress Irwine se mourait
de peur qu'il ne succombât à la violence
de ses sensations. — Regarde autour de
toi, mon cher Richard, lui dit-elle.
Dick retourne la tête et voit l'amie de son
cœur, c'est sa main qu'il tient, et il ne
l'a pas deviné. Hors de lui il tombe aux
genoux du père et de la fille. Au nom
du ciel! dit-il, assurez-moi que le bonheur que j'entrevois n'est pas une illu-
sion ? Serait-il donc possible que je
pusse devenir l'époux, l'heureux époux,
de la fille céleste du plus respectable
père ? — Je te l'avais promis, mon fils,
dit le comte, tu le vois, rien n'est impossible à la tendre amitié. — Tu es le
choix de mon père, dit M. Parker, pouvait-il manquer d'obtenir mon aveu ?—
Thomas, reprit le comte, est un des fils
que ma rigueur avait éloigné de moi, la
tendresse que je te porte, lui donnait un
frère en toi; mais ton amour pour Edwine
change ce titre en celui de père. Ton bonheur doit être d'autant plus grand qu'il est
généralement partagé, considère la joie
briller dans les yeux de tes bienfaiteurs, de
tes amis. Ah! mon cher enfant, conserve

précieusement des sentimens qui t'ont mérité l'estime et l'attachement des honnêtes gens. Tout le monde embrassa le fortuné jeune homme. — Richard, dit le fils de M. Parker, je n'ai pas attendu ce moment pour vous aimer comme un frère. A présent, vous ne pouvez plus me refuser un titre que j'ai toujours désiré recevoir de vous? Dick sauta au col du compagnon de sa jeunesse. — Je ne fus injuste envers vous, mon cher Richard, que dans mon enfance, mais dès que je fus en état de connaître vos vertus, j'en devins l'admirateur, alors se tournant vers M. et mistress Irwine : — Oh! vous dignes et respectables bienfaiteurs, à qui je dois mille fois plus que la vie, comment me sera-t-il jamais possible de vous prouver l'étendue de ma reconnaissance? — En nous aimant toujours comme nous vous aimons, dit Edward. — Cher Dick, reprit Maria, ton attachement t'a depuis long-temps acquitté avec nous. Richard II et Edwine furent tour-à-tour pressés dans les bras de leurs amis. — Le bonheur nourrit l'ame, dit M. Parker, mais le corps exige des alimens plus solides, je m'en aperçois à la

faim qui commence à se faire sentir.
Mon père, nous a dit Dick, a l'habitude
de dîner à cinq heures, il en est bientôt
huit, un si long jeûne pourrait lui faire
mal; voulez-vous, mistress Irwine, que
je donne l'ordre qu'on serve? — Sans
doute, répondit Maria, en tirant le cor-
don de la sonnette. — Que sont devenus
les étrangers, demanda Edward? — Je
les ai engagés à se retirer, dit mistress
Lovely. Fort indiscrètement ils étaient
restés. Étonnée d'un manque de délicatesse aussi marqué, je ne me suis fait
aucun scrupule de les engager à nous
laisser libres. — Qui sont ces étrangers
demanda le comte? — Le prince Tungchanum, frère du vice-roi de Laos, et
un siamois son ami, nommé Siba. — Sa-
vent-ils l'anglais? — Siba le parle bien,
et l'autre fort mal.

Les deux étrangers ayant été avertis
qu'on avait servi, la compagnie les
trouva dans la salle à manger; durant
le repas, on ne s'entretint que de choses
indifférentes. Le prince, suivant sa coutume, parla peu; néanmoins, il fut forcé
de répondre à sa grace qui lui adressa
plusieurs fois la parole. Siba ne changea

rien à sa manière d'être ordinaire. En sortant de table, le comte monta en voiture, et emmena MM. Parker et Richard II à Bounded-Sight.

Avant de se retirer, tout le monde savait à la solitude que le comte Macclesfield était le père de M. Parker, et que l'orphelin allait devenir l'époux d'Edwine. Le domestique, qui servait les étrangers, leur apprit cette dernière nouvelle. Dès qu'il eut quitté leur appartement, le prince se tordit les bras en faisant des juremens affreux. — Malheureux! dit Siba, tais-toi, nous sommes perdus si l'on t'entend. — Comment puis-je me posséder quand je vois que mes ennemis triomphent, et que je perds le fruit de huit mois de feinte; du moins, si la perte de mon argent était accompagnée de celle de ceux que j'abhorre! — Tout n'est pas désespéré. A présent que le temps presse, il n'y a plus à éluder, les coups de désespoir ont souvent plus de succès que ceux combinés par la lente prudence. Vois ton homme demain matin, et prends un parti décisif. Celui que je t'ai conseillé entraîne moins de longueurs. — Il est presqu'impraticable. — Quand on n'a pas le choix, hésiter est folie, bon soir. — Ecoute un mot, ton projet peut-il s'effectuer ce soir ? — Difficilement, rien n'est préparé; d'ailleurs, l'autre n'est pas prévenu, demain je me charge de tout, pourvu que tu suives ponctuellement mes avis. — Je te le promets. — Bon soir, dors avec l'espoir d'une prompte vengeance. — Que je l'obtienne, et je fais sans peine le sacrifice de ma vie. — Tu vivras pour en jouir. Surtout, n'oublie pas que je renonce pour toi à l'espoir de posséder la séduisante Diana. — Tu seras amplement dédommagé. — Cela peut-être, mais je serais peu trompé, s'il en était autrement; j'ai tant eu de preuves du peu de bonne foi des hommes. — Je serai une exception. — Je le désire. Encore une fois, bon soir.

CHAPITRE XLVI.

LE lendemain, à dix heures du matin, le comte, son fils, son petit-fils, et son fils adoptif arrivèrent à la solitude. Ils paraissaient parfaitement contens les uns des autres. Ils trouvèrent leurs amis très-disposés à partager leur bonheur, jamais on ne vit réunies tant de personnes dont la félicité fut également répartie sur tous. Le prince et Siba, pour ne pas mériter une leçon semblable à celle que leur avait donnée mistress Lovely la veille, attendirent pour descendre qu'on les fît avertir. L'accueil qu'ils reçurent du comte était poli et froid, ils purent facilement lire, au demeurant, que leur présence gênait beaucoup, mais ils n'eurent pas l'air de s'en douter, et n'annoncèrent leur départ que pour la semaine suivante. Néanmoins, ils mirent dans leur conduite plus de discrétion. Sitôt après le déjeûner, ils quittèrent la salle à manger, et se rendirent dans le jardin. Son altesse prit le chemin de la barrière, et son ami promena ses rêveries dans toute l'étendue du parc. L'absence du prince ne fut pas plus remarquée que celles qu'il avait faites précédemment, du moins, il crut avoir entièrement soustrait ses démarches à la curiosité. Comme il rentrait seul au château, M. Irwine, qu'il rencontra dans la hall, lui demanda ce qu'il avait fait de son ami? — Je l'ai laissé dans les jardins, m'étant trouvé trop fatigué pour pouvoir marcher plus long-temps, je suis revenu sans lui. Quand Siba rentra, il trouva le prince occupé à écrire. — A qui adresses-tu cette lettre? — Tu le sauras, je te la lirai. — Êtes-vous convenus de vos faits? — Tout sera prêt à une heure de la nuit, mais laisses-moi écrire, ne me trouble pas. — Je pensais qu'on te donnerait un brouillon, que tu n'aurais que la peine de copier. — Il ne me fallait qu'un extrait, je me suis chargé des détails. — Je m'en rapporte bien à toi pour les charger; mais tâche sur-tout de ne pas sortir de la vraisemblance, l'excès de la haine peut t'égarer. — Tu verras et jugeras, encore une fois, ne m'interrompts plus. — Je vais employer ce temps à faire, s'il se peut, de fructueuses découvertes. En descendant l'escalier, Siba trouva la porte de l'appartement de mistress Irwine ouvert. Il entra dans l'antichambre, il n'y voit personne, il allait ressortir, quand le son de voix de Maria l'arrête. Il écoute, elle promettait de se rendre le lendemain à huit heures du matin à l'ancienne cabane de Mettlesome, habitée alors par un pêcheur et sa famille. Jenny venait d'annoncer qu'un des enfans était souffrant. Mistress Irwine continuait toujours ses soins aux malades des environs. — Voulez-vous, ma chère maman, disait Richard II, que je vienne vous prendre? — Non, ce serait un trop grand trajet, vous n'aurez qu'à y aller directement, et nous reviendrons ici ensemble. Jenny m'accompagnera, et me donnera le bras. Siba se hâta de se retirer, et retourna précipitamment dans la chambre de Tungchanum.

La journée se passa très-gaîment, Diana seule conservait une teinte de tristesse : vainement son amie cherchait à lui persuader que son mariage avec l'orphelin était un acheminement à celui de son frère avec elle. — Mon cœur, dit la jeune fille, s'est d'abord livré à cet espoir; mais la réflexion l'a totalement détruit. Les obstacles, mon amie, se sont doublés. M. Parker est beaucoup plus riche, et devient un des plus grands seigneurs de l'Angleterre. Peut-il, doit-il, devenir l'époux de la fille d'un valet de son père? — Ce n'est pas sous ce rapport qu'il faut présenter cette union. Diana fut, dès son enfance, la compagne et l'amie de la sœur de Richard. Elle a reçu la même éducation. Dans la maison, on l'a toujours considérée comme l'égale des maîtres. Ses sentimens sont dignes du rang le plus élevé. Tout le monde l'estime, la respecte, elle est l'idole des deux familles qui l'ont adoptée, et enfin elle seule peut faire le bonheur de celui qui l'adore. — Songez donc, Edwine, que Richard dépend aujourd'hui du comte Macclesfield qui, n'en doutez pas, voudra faire faire, à son petit-fils, un établissement honorable et proportionné à sa naissance. — Mon frère n'y consentira jamais. — Et je serai la cause d'une mésintelligence entre eux, voilà ce qui me désespère. — Au nom du ciel!

ciel! ma chère Diana, ne vous livrez pas au chagrin par anticipation; j'ai le pressentiment que les choses tourneront à notre satisfaction. Miss Mettlesome soupira. Hélas! elle avait un pressentiment contraire.

A huit heures du matin, le jour suivant, Jenny entra chez sa maîtresse, d'après l'ordre qu'elle en avait reçu la veille. Elle ouvre les rideaux, mistress Irwine n'est plus dans son lit. Déjà levée, pensa Jenny, et elle passe dans le cabinet de toilette. Rien n'est dérangé; madame n'est pas habillée; où donc est-elle? En revenant dans la chambre à coucher, elle voit les vêtemens que Maria a quittés le soir, et qu'elle-même a placés sur des meubles. Rien n'a changé de place; madame n'avait que sa camisole de nuit, elle n'a pu ainsi quitter sa chambre. Une inquiétude vague s'empare de son esprit; elle ressort, et demande aux filles de peine si elles ont vu leur maîtresse? Toutes les réponses sont négatives. — Où donc est madame, répéta Jenny d'un air pétrifié? — Voyez chez mistress Lovely. Jenny y court; Maria n'y a pas paru; elle va dans la chambre de miss Parker et de Diana qui tenait à l'appartement de mistress Lovely, n'y trouvant pas sa maîtresse, elle tomba presque sans connaissance sur le premier siége. — Qu'est-elle devenue? oh! mon Dieu! Les jeunes personnes lui font respirer du vinaigre. Mistress Lovely, presqu'aussi effrayée que Jenny, la prie de s'expliquer. La fidèle femme-de-chambre revient à elle, se lève et court vers la porte en s'écriant : — Madame a disparu, et tous ses vêtemens sont restés dans sa chambre. En un instant les domestiques se précipitent, se dispersent dans la maison et les jardins. M. Irwine avait passé la nuit à Quicklyraised - Lodge, ce qui lui arrivait quand, ayant commencé une partie d'échec avec Thomas, elle ne se terminait pas avant onze heures. Mistress Mettlesome va examiner la chambre de mistress Irwine. Rien en effet n'en est dérangé. Nulle indice qu'on ait pu s'y introduire du dehors, aucune serrure n'est forcée. Les jeunes filles, accompagnées de mistress Lovely, se rendent à Quicklyraised-Lodge, tandis que

Jenny, avec Bob, courent à la cabane du pêcheur, où Maria avait projeté d'aller dans la matinée. A deux cents pas de la mer, ils virent par terre une grande quantité de sang fraîchement répandu. Jenny éperdue s'écria — On a assassiné ma chère maîtresse, et elle tomba sans force sur ses genoux. — Non, non, mistress Jenny, dit Bob, ce sang est celui d'un homme. Voyez, voilà son chapeau qui est resté sur la place. Effectivement, il fut en ramasser un. En regardant le fond, il lit : *Richard II.* Hélas ! dit-il, nous faisons aujourd'hui deux grandes pertes ; il montre à Jenny le nom de l'orphelin. La pauvre fille, à moitié morte, saisit le bras de Bob, et va, le plus vite possible, jusqu'à la cabane. L'enfant malade y était seul ; il dit, qu'une heure auparavant, il a entendu le bruit d'un pistolet, et qu'il à cru distinguer des voix humaines. Son extrême faiblesse l'avait empêché d'aller voir sur la porte ce que c'était. Bob dit à Jenny de retourner à la solitude, et qu'il allait se rendre à Bounded-Sight pour y trouver ou la confirmation de ce qu'il appréhendait, ou un

sujet de consolation. — Le jeune Richard est-il au château demanda Bob
au portier? — Il est sorti depuis près
de deux heures. — Il n'y a plus de
doute, l'infortuné a été assassiné. —
Qui, assassiné? Oh! Dieu nous en pré-
serve! M. Bob, expliquez-vous, je fré-
mis, dites bien vite ce qui est arrivé?
Après le court récit de Bob, le portier
appela tous les valets. — Cachez cette
affreuse nouvelle a sa grace, dit-il, et
sans perdre de temps, volez sur les
traces des scélérats. — Milord vient
d'ordonner qu'on mette les chevaux pour
aller à la solitude, dit le postillon; il
ne peut éviter d'être instruit. — Ce sera
pour lui le coup de la mort, dit mistress Figworth, la concierge. Six chevaux sont sellés dans un clin d'œil, et
autant d'hommes partent ensemble en
se dirigeant de différens côtés.

Je n'essaierai pas de peindre le désespoir des habitans de Quicklyraised-
Lodge, en apprenant la disparition de
Maria. MM. Irwine, Parker et Barfort voulurent aller eux-mêmes à la re-
cherche. La plus vive affliction se lisait
dans tous les yeux. Le vieux Peters

pleurait comme un enfant. Tout-à-coup il paraît frappé d'une idée. — Avez-vous vu les étrangers ce matin, demanda-t-il à mistress Lovely? — Non, je pense qu'ils n'étaient pas levés quand nous avons quitté la solitude. — Quoi! le bruit que les recherches ont occasionné ne les a pas réveillés? ils n'ont pas paru? — Non. — Ce sont eux qui sont les coupables, dit le vieillard avec un air de certitude; et sans en dire davantage, il prit son bâton, et sembla, par la vitesse de sa marche, avoir recouvré les forces de sa jeunesse. — Restez, père Peters, dit Mettlesome, je serai plutôt de retour que vous. Jack eût bientôt franchi la distance, et sans faire de question, sans parler il se rend à l'appartement du prince. Il n'y a personne, ni lui, ni son ami ne sont couchés. Peters avait raison, dit Jack, en ouvrant machinalement les armoires et le secrétaire; une lettre assez volumineuse était restée dans le fond d'un tiroir; le nom de M. Parker est sur l'adresse, il s'en saisit, et retourne en courant à Quicklyraised-Lodge. A moitié chemin il rencontre les trois dames qui donnaient des secours au vieux Peters. Ce bon vieillard, ayant plus de courage que de force, avait voulu doubler sa marche, et était tombé, excédé de fatigue. Ce n'était qu'une faiblesse, il se releva bientôt. Mettlesome remit à mistress Lovely le paquet qu'il avait trouvé. En ce moment il ne s'agissait pas d'observer les lois de la délicatesse, l'essentiel était d'être instruit. Mistress Lovely brise le cachet, défait l'enveloppe et déploie la lettre qu'elle contenait. Dès les premières lignes, elle s'écria : — Plus de doute ni d'incertitude, mon amie est la victime du complot le plus atroce. Sans en lire davantage, elle mit le papier dans sa poche. — Il nous reste du moins, dit-elle, l'espérance que les scélérats n'auront pas le temps de consommer leur affreux projet, ils ne peuvent avoir une grande avance, j'ose croire qu'ils seront rattrapés, et que notre chère Maria sera ramenée. Retournons à la solitude, et mettons toute notre confiance dans la divinité bienfaisante qui protège l'innocent et punit le coupable. On regagna tristement un lieu qui, la veille encore, était le séjour

du bonheur. Le comte venait d'arriver;
il aborde les dames; à son changement,
on croirait qu'il relève d'une forte ma-
ladie. Pâle, défait, les yeux rouges.
— Vous savez, à ce que je vois, milord, dit mistress Lovely, le malheureux événement que nous déplorons
tous? Mon amie, la bonne et vertueuse
Maria nous est enlevée. — Vous avez
perdu une amie; et moi j'ai perdu un
fils. Sans doute vous ignorez que mon
bien aimé Dick a été assassiné? —
Grand Dieu! prononça Edwine en tombant dans les bras de Diana! On la
porta évanouie au château. Dès qu'elle
ouvrit les yeux, elle joignit les mains,
et pria son aïeul de lui dire si les mots
terribles qu'elle avait cru entendre sortir de sa bouche, n'étaient pas une illu-
sion de ses sens. Le comte, furieux
contre lui-même d'avoir, sans précaution, porté un coup aussi affreux à la
sensibilité de miss Parker, se frappait
le front et maudissait son indiscrétion.
— Pardonnez-moi, Edwine, s'écriait
sa grace en pleurant amèrement, je suis
un monstre de cruauté! je devais savoir que j'allais déchirer votre cœur:

mais, ma chère enfant, ma raison est perdue, je suis dans le délire de la douleur. Oh! mon Dieu! permets que j'aille promptement rejoindre celui à qui je dois tendresse et reconnaissance. La douce et désolée Edwine tendit, en sanglotant, la main à son grand-père. — Pleurons - le ensemble, milord, nos regrets, tels vifs qu'ils soient, ne peuvent égaler la grandeur de la perte que nous avons faites. Mistress Lovely, rassurée sur les suites que pouvait avoir l'accident d'Edwine, la recommanda à Diana, laissa avec elle mistress Mettlesome et Jenny, et pria le comte de la suivre dans son appartement. — Vous tenez de trop près, lui dit-elle, milord, aux familles que le sort opprime d'une manière terrible, pour que rien de ce qui les concerne doive vous être caché. Voilà une lettre qu'on a trouvée dans un des tiroirs du secrétaire de Tungchanum, le peu que j'en ai parcouru a rempli mon ame d'effroi, et j'ai cru devoir le cacher aux jeunes personnes. Le paquet était adressé à M. Parker. La circonstance était si urgente que j'ai osé me permettre de l'ouvrir en son absence. Si votre grace

le

le désire, je vais lui en faire la lecture ?
Le comte lui fit un signe d'approbation.
Voici le contenu de cet infernal écrit :

Lettre.

« Un grand mystère, monsieur, va
» vous être dévoilé. Il est plus que temps
» de vous tirer d'une erreur qui pour-
» rait compromettre votre honneur. Je
» dois, pour me rendre plus intelligible,
» entrer dans quelques détails qui vous
» sont inconnus. Milord Parker, ce frère
» qui, lors de votre mariage, chercha
» à vous éloigner du cœur du comte
» Macclesfield, et y réussit, ce frère,
» dis-je, se rendit coupable d'une faute
» semblable à la vôtre, et qui parut
» même plus grave à votre père, en ce
» qu'Edmond enleva et épousa la petite-
» fille d'un homme qui avait commis
» des crimes, et fut condamné à perdre
» la vie sur l'échafaud, sentence qui eût
» eu son exécution, si Herbert Arms-
» bury ne s'y fût soustrait par la fuite.
» Milord et milady Parker passèrent en
» Amérique. Caroline Merciful ayant
» hérité des affreux principes de sa mère,

» aujourd'hui mistress Irwine, cachait,
» sous les dehors de la vertu, un cœur
» corrompu et les mœurs les plus im-
» pures. Edmond tarda peu à recon-
» naître l'étendue de la sottise qu'il avait
» faite, et bientôt il méprisa son épouse
» autant qu'il l'avait aimée. Milady, à
» son arrivée dans la Nouvelle-Angle-
» terre, se lia intimement avec la fa-
» mille Stapletton, perdue d'honneur
» et de réputation. Vainement milord
» l'engagea à ne pas voir de pareilles
» gens ; comment Caroline eût-elle cédé
» à une prière qui l'éloignerait d'un
» homme qu'elle idolâtrait ? Alfred Sta-
» pletton était un composé de scéléra-
» tesse de tous genres. Milord Parker
» ne pouvant se faire obéir par la voie
» de la douceur, prit de l'humeur et or-
» donna qu'on ne laissât plus entrer
» Alfred. Outrée d'être privée du plaisir
» de voir l'objet de sa tendresse, milady
» consentit à ce que son indigne amant
» la débarrassât de son mari. Pour se
» mettre à l'abri des poursuites crimi-
» nelles, Alfred suscita une querelle à
» Edmond. Ils se donnèrent un rendez-
» vous ; votre infortuné frère succomba

» sous le fer meurtrier d'un assassin, et
» les deux amans se cachèrent après
» avoir emporté de la maison du mort
» tout ce qui était de valeur. Quelques
» mois après Caroline devint enceinte.
» Elle accoucha d'un garçon. Alfred
» Stapletton dont l'amour n'était plus
» qu'un souvenir, se livra de nouveau
» à ses dangereuses passions. Il négligea
» de prendre des précautions, fut arrêté,
» condamné comme meurtier d'Edmond
» et exécuté. Caroline, accablée par ses
» remords autant que par la douleur,
» fut bientôt à l'extrémité; il lui restait
» encore quelques bijoux et de l'argent,
» avant de mourir elle obtint de la
» femme qui l'avait recueillie et qui
» était dans la misère, qu'elle s'embar-
» querait pour l'Angletere avec son en-
» fant, aussitôt qu'elle aurait rendu le
» dernier soupir, qu'à son arrivée elle
» irait porter son fils au comte Mac-
» clesfield, avec une lettre qui annon-
» çait à ce seigneur le bâtard de Sta-
» pletton, comme étant le petit-fils de sa
» seigneurie. La leçon avait été faite à
» celle qui devait se dire la nourrice du
» noble rejeton des Macclesfield. Da

5 *

» le cas où le comte eût rejeté une his-
» toire qui n'avait de vrai que la nais-
» sance illégitime d'un enfant, la sup-
» posée nourrice devait tâcher de décou-
» vrir mistress Merciful, pour laquelle
» elle était munie d'une autre lettre. Le
» hasard a dirigé le petit bon homme
» vers sa grand'mère; le naufrage que
» que vous avez partagé a englouti la
» nourrice et les lettres; l'enfant a été
» sauvé par un miracle. Mon amour
» pour la vérité et ma haine pour le vice,
» me décident à vous ouvrir les yeux
» sur le mariage déshonorant que vous
» allez faire contracter à la belle et ver-
» tueuse Edwine. Richard II est l'en-
» fant adultérin d'une femme publique-
» ment connue pour une libertine, et
» d'un homme mort sur un échafaud.
» Ma conscience me force, en outre, à
» vous découvrir un secret qui, sans
» l'aveuglement général n'en serait un
» pour personne. Mistress Irwine, cette
» Maria que l'on déifie, n'a que l'appa-
» parence des vertus; l'hypocrisie est
» l'essence de son caractère, fille et mère
» du vice, c'est un héritage qui doit se
» propager jusqu'à l'extinction du sang.

» Une liaison coupable existe depuis
» deux ans entre le protégé et la bien-
» faitrice. Mille circonstances, si vous
» voulez vous donner la peine d'y réflé-
» chir, viennent à l'appui de mon as-
» sertion. Une femme sans mœurs ne
» connaît pas la disproportion des âges.
» Je crois avoir rempli un devoir sacré
» en vous avertissant de votre danger.
» Faites l'usage qui vous conviendra de
» l'avis de celui qui vous donne la plus
» forte preuve de son estime et de son
» dévouement ».

— Misérable calomniateur ! s'écria le
comte, ton infâme projet n'aura pas le
succès que tu t'en es promis. Maria, la
vertueuse et angélique Maria, accusée
d'adultère ! Oh ! comble de la plus in-
signe noirceur ! l'auteur de cette abominable lettre est, non-seulement un imposteur, mais un scélérat.—C'est le prince
Tungchanum, dit mistress Lovely ; cet
homme qui déplaisait à tout le monde,
inspira sans cesse une sorte de terreur à
mon amie : jamais elle n'a reposé ses
yeux sur lui sans éprouver un tressaillement d'effroi. Ah ! pourquoi M. Irwine a-t-il cru de la justice de ne pas

écouter la voix de la prévention. Quelle est l'intention de votre seigneurie, ajouta mistress Lovely, sur l'usage que nous devons faire de cette horrible lettre ? Faut-il la soustraire à la vue de nos amis ? — Vous m'avez dit qu'elle avait été trouvée par Jack Mettlesome, et qu'il vous l'a remise devant plusieurs personnes ; il n'est donc pas possible d'en faire un mystère. D'ailleurs, il me semble nécessaire d'ouvrir les yeux d'Edward sur la conduite infâme de ces étrangers. Ne craignez pas, chère madame, que la réputation de mistress Irwine puisse souffrir d'une pareille fourberie ; ils raisonnèrent ensuite sur l'assassinat de Dick. — Il me semble, dit l'amie de Maria, que ce crime n'est nullement prouvé. Une effusion de sang n'est pas un indice sûr. — Et les coups tirés et entendus par le fils du pêcheur ? — Prouvent qu'il y a eu un combat, voilà tout. — Le chapeau de Richard trouvé sur le champ de bataille ne justifie que trop toutes mes appréhensions. — Il est hors de doute que ce jeune homme a été un des combattans, mais qui nous dit que le sang répandu est le sien ?

Son corps aurait été trouvé. — Ils l'auront jeté à la mer. Mistress Lovely n'ayant rien à répondre à un argument, malheureusement vraisemblable, baissa les yeux en soupirant.

La journée s'écoula dans de terribles angoisses; vingt personnes de la solitude de Bounded-Sight et de Quickly-raised-Lodge, étaient allées à la poursuite des ravisseurs. Elles revinrent les unes après les autres sans avoir rien découvert de consolant. M. Irwine n'arriva qu'à dix heures du soir, hélas! il avait parcouru inutilement plus de trente milles. On fit l'appel nominal : le seul Bob-Castle ne se trouva pas, ce qui laissa un léger espoir. Tout le monde resta debout toute la nuit, au point du jour Bob rentra. Il se traîna avec peine jusqu'au salon, sa figure était couverte de meurtrissures, il portait un bras en écharpe et ses vêtemens étaient souillés de sang et de boue. On le fit asseoir dans un fauteuil, et après avoir avalé un verre de vin il donna les détails suivans :

— J'avais inutilement couru jusqu'à Carlisle, nulle trace ne m'indiquait que j'étais sur la piste des ravisseurs, et, néanmoins, je ne pouvais me décider à prendre une autre route. Un secret pressentiment m'attirait impérieusement vers la capitale du Cumberland, que je ne voulais que traverser, ne comptant changer de cheval qu'à la poste suivante. Un horrible mal d'estomac me força de descendre à un cabaret pour y prendre de quoi me soulager : je m'étais assis près d'une table. Tandis qu'un garçon me servait, je lui demande s'il n'a pas vu passer une voiture dans laquelle il y avait une dame âgée et deux messieurs. —Il n'y a pas deux heures que les personnes que vous indiqués ont traversé la ville, mais il y avait deux chaises. Dans la première j'ai aperçu effectivement une dame et deux hommes, l'autre était hermétiquement fermée, je ne sais qui s'y trouvait. — Croyez-vous qu'elles se soient arrêtées dans la ville? — Je ne le présume pas, car elles étaient attelées de chevaux frais. — Et quel chemin pensez - vous qu'elles aient prises ? — Vraisemblablement celui de l'Ecosse. A peine avait-il cessé de parler que j'étais à cheval. A deux milles à peu près, je m'informe au cocher du *stage coach* (*) s'il n'a pas rencontré deux chaises? — Elles ont quitté la grande route, me répondit-il, à un demi-mille d'ici. Si vous vous hâtez vous pourrez les rattraper; prenez sur votre gauche, un peu avant d'arriver à une espèce de hutte qui borde la route. Je mis mon cheval au galop, et atteignis en cinq minutes l'endroit désigné; c'était un chemin de traverse où il devait être difficile de faire passer un carrosse. Je le suivis un quart-d'heure sans rien découvrir, mon cheval, très-fatigué, avait beaucoup de peine à trotter dans des terres grasses et humides; enfin je découvre les deux voitures arrêtées, je double le pas et arrive à une portée de pistolet sans avoir été aperçu. Deux hommes étaient occupés à faire relever un des chevaux qui s'était abattu. J'en reconnais un pour l'ami du prince Tungchanum; il me voit, ouvre la portière, prend un pistolet et accourt sur moi, l'arme fait long feu. Malheureusement mon cheval s'ef-

____

(*) Voiture publique.

fraie, il veut fuir, mais il était trop har-
rassé pour aller loin. Il tombe, m'entraîne dans sa chute, et par les efforts
qu'il fait pour se relever, il me froisse,
m'écrase et me met dans l'état où vous
me voyez. L'excès de la douleur me fit
perdre connaissance. En revenant à moi
je me trouvai dans la hutte dont je vous
ai parlé, deux paysans m'y avait porté.
J'appris d'eux que lorsqu'ils m'avaient
trouvé, il n'y avait autour de moi ni
cheval ni voiture. Je payai les soins de
ces bonnes gens, et après qu'ils eurent
pansé mon bras, qui était foulé, nous
nous séparâmes. Je revins à pied à
Carlisle, et là j'ai pris une chaise de
poste qui m'a conduit jusqu'à l'avenue
du château. Le seul avantage que j'aie
retiré de ma course, c'est l'assurance que
mistress Irwine est vivante ; je me per-
suade aussi que la seconde voiture ren-
fermait M. Richard II. Les avis se par-
tagèrent sur l'idée que Bob avait conçue,
cependant ce fut un léger espoir à offrir au désolé comte Macclesfield. Peters avait écouté la relation de Bob avec
avidité. — Je ne me suis pas trompé,
s'écria-t-il! Je sais d'où part ce coup af-

freux ; je l'ai vu le détestable moteur
de cette atrocité, malgré son déguise-
ment, qui le défigurait, je l'ai reconnu.
Notre bonne maîtresse, n'en doutez pas,
est conduite dans les ruines de Bottomhill... On lui en fait prendre le chemin,
c'est là, croyez-moi, qu'il faut la chercher. Le duc Armshury est son ravis-
seur, et ces deux perfides étrangers, ses
agens et ses complices. A peine Peters
a cessé de parler, que M. Irwine donne
l'ordre de préparer des chevaux. MM.
Parker, Barfort et Richard Ier. veulent
l'accompagner, ils se firent suivre par plusieurs valets bien armés. Arrivés à une
petite distance de Bottomhill, ils mirent
pied à terre et cachèrent leurs chevaux
dans les bois environnans. Le claque-
ment d'un fouet attira leur attention ;
ils se couchèrent à plat ventre pour
n'être point aperçus. Bientôt ils virent
arriver les deux chaises telles que Bob
les avaient dépeintes. Le pont levis étant
brisé, il fallut que les voitures traver-
sassent un fossé marécageux. — Pro-
fitons vite, dit M. Irwine, du moment
où les scélérats sont occupés à franchir
ce passage difficile. Tombons sur eux

à l'improviste, la victoire ne peut nous échapper. Aussitôt ils s'élancent tous au bord du fossé. Au moment où les chevaux de la première chaise commençaient à descendre, deux valets fondent sur le postillon et le menacent de le tuer, s'il ne s'arrête. En même temps Edward et son ami ouvrent la portière; deux hommes se présentent, et lâchent chacun un coup de pistolet qui ne firent aucun mal; les assaillans sont plus heureux; ils tirent, les deux hommes sont blessés. Mistress Irwine, car c'était bien ses ravisseurs, et elle-même, sans autre vêtement qu'un manteau, a le courage de sauter hors de la portière opposée. Elle tombe dans la vase, mais son époux vole à son secours, et l'emporte à trente pas de là. Le même bonheur accompagna les efforts dirigés vers l'autre voiture. Ce fut M. Parker qui ouvrit la portière. Un homme, c'était Siba, voulu résister. — Que voulez-vous? demanda-t-il en avançant la main pour se saisir d'une arme. Thomas ne lui en donna pas le temps, il le prit au collet, et, aidé de son fils, il parvint à l'arracher du carrosse.

Après l'avoir remis entre les mains de ses gens, Richard et son père montèrent dans la chaise où ils trouvèrent le pauvre Dick; mais dans quel état! lié, garotté et baillonné comme un criminel. L'infortuné ne pouvait faire un mouvement. — Dieu tout puissant! s'écria M. Parker! et les monstres qui sont capables d'une pareille infamie se qualifient du titre d'hommes!

Quoique toute la scène se fût passée en silence, le bruit des pistolets avait attiré hors des ruines un homme d'assez mauvaise mine. Deux domestiques eurent l'heureuse idée de s'en emparer; ils franchirent le fossé et arrivèrent à temps pour l'empêcher de rentrer. Il essaya vainement de faire résistance, il lui fallut céder au nombre, et il fut, ainsi que Siba, lié de façon à ne pouvoir s'échapper. Les postillons se jetèrent à genoux, en demandant grâce, ils assurèrent qu'ils n'avaient aucune connaissance des projets de ceux qui les employaient, qu'on les avaient simplement arrhés pour conduire deux chaises, et qu'ils devaient s'en retourner tout de suite avec leurs chevaux. La

blessure des deux ravisseurs ne permettait pas qu'on pût les transporter
à une grande distance, ils furent portés
au ci-devant château. Siba, et l'homme
qui avait été arrêté, furent aussi con-
duits dans l'intérieur. Richard II, à
qui on avait rendu l'usage de ses mem-
bres, embrassait ses libérateurs. — Hélas ! disait le sensible jeune homme, ce
n'était pas sur mon sort que je gémis-
sais, mais savoir ma bienfaitrice entre
les mains d'atroces scélérats, sans pouvoir voler à son secours, était, pour
mon cœur, le plus affreux tourment.
Maria, avec autant de courage que de
sang-froid, après avoir été retirée par
son mari de l'eau bourbeuse, était ve-
nue joindre ses forces à celles de ses
amis. En entrant dans les ruines on fut
très-étonné de ne trouver d'habitable
qu'une misérable chambre, sans autre
meuble qu'un lit et quelques chaises.
— Où comptiez-vous nous loger, demanda mistress Irwine au traître Siba ?
— Ma foi je l'ignore, faites en la question à mon compagnon d'infortune, il
doit en être instruit ; quant à moi c'est
la première fois que je viens ici, et ce

sera probablement la dernière. Son complice, interpelé, dit qu'il n'avait rien à répondre, et qu'on devait s'adresser au maître, que lui seul avait le droit de révéler ce mystère. On déposa sur le lit les deux corps, toujours privés de sentiment. Maria resta dehors avec l'orphelin et M. Barfort ; Thomas et Edward faisaient donner des secours à milord-duc Armsbury et au prince Tungchanum. Peters, comme on le voit, avait deviné juste. M. Irwine fit partir un homme à cheval pour aller chercher un chirurgien au bourg de Who***, et un autre pour faire une première déposition chez le juge-de-paix du canton, qui demeurait à Penrith, et le prier d'envoyer des gens de justice pour recevoir les aveux des coupables ; cette précaution était d'autant plus nécessaire, qu'il y avait à craindre que les blessés n'eussent que peu de temps à vivre.

Augustin recouvra la connaissance avant son complice. Quoique vieux, il était encore fort et vigoureux ; il essaya de se lever et, repoussant rudement ceux qui l'entouraient, il voulut gaguer la porte. M. Parker le rejeta sur son lit. Les efforts qu'il venait de faire ayant dérangé le léger appareil qu'on avait mis sur sa blessure, elle se rouvrit, et le sang en sortait avec violence quand le chirurgien se présenta. On fut obligé de lier fortement le duc pour pouvoir le panser; les juremens les plus affreux sortaient de sa bouche impure. Le docteur prononça, dès la première vue, la condamnation du malade. — Dans vingt-quatre heures, dit-il, il ne sera plus au monde. Néanmoins il le pansa. Quand il eut examiné le prince, il dit qu'il serait peut-être possible de le sauver, quoique la balle fut extrêmement enfoncée dans les côtes; ce fut avec beaucoup de peine qu'il parvint à l'extirper. La douleur extrême que causa l'opération, rendit la connaissance à Tungchanum. Un des valets s'approcha pour lui demander si son altesse avait des ordres à lui donner? Le scélérat rugit comme un lion et s'évanouit de nouveau. Le chirurgien ayant été instruit qu'il y avait deux hommes sans connaissance, s'était muni de vinaigre

et

et de liqueurs fortes ; il en frotta les tempes du prince ; cela occasionna un effet fort singulier. Une couleur olivâtre tomba du visage de l'étranger, et laissa voir un teint ordinaire. — Cet homme, dit le docteur, s'est teint la figure sans doute pour se déguiser. Avant qu'il rouvrit les yeux, Tungchanum fut totalement débarbouillé. Ce fut un nouveau motif de rage pour ce misérable. — Si vous m'en croyez vous resterez tranquille, lui dit l'homme de l'art, toutes ces imprécations sont parfaitement inutiles. Il n'y avait plus dans la chambre que Siba et l'homme trouvé dans la masure, fortement attachés l'un à l'autre, un valet de M. Irwine et le docteur. Le duc chercha par les plus brillantes promesses de séduire ces deux derniers. Toutes ses prières furent sans succès, on rejeta ses offres. — Du moins, dit-il, ne m'empêchez pas de mourir, laissez-moi arracher ce fatal appareil. — Ce serait rendre un mauvais service à l'humanité, dit le chirurgien ; il faut, pour effrayer le vice, la punition exemplaire des grands coupables. — Et qui vous dit que je suis coupable ? — Votre terreur. L'innocent gémit d'être accusé, et attend avec calme sa justification. — Votre conséquence est fausse, reprit le duc ; voyez ces deux hommes, montrant de la tête Siba et l'autre homme, ils sont calmes. — Nous n'avons rien à craindre, dit le siamois ; du moins, moi, je n'ai rien à me reprocher que ma liaison avec deux scélérats que je croyais d'honnêtes gens. — Je suis un pauvre diable, dit l'espèce de paysan, on m'a proposé de venir demeurer ici pour être gardien du parc ; si mon maître est criminel ce n'est pas ma faute. Ma cause ne doit pas être confondue avec la sienne. — Infâme menteur, dit le prince, oses-tu nier que tu n'as pas reçu de l'argent pour être le gardien des prisonniers ? — Non certes, je ne le nierai pas. Fallait-il donc que je quittasse le métier de jardinier pour donner gratuitement mon temps et mon travail ? Je prends soin du jardin de sa grace, je mange son pain, il me donne des gages, ne suis-je pas obligé d'obéir à mon maître ? — Non, quand il te commande de faire une mauvaise action. — Sais-je si ce qu'il m'ordonne est un bien ou un mal? Demande-t-on des comptes à celui que le sort a fait naître notre supérieur? — Courage mon ami, dit Siba en souriant, tes argumens sont sans réplique. Tant il est vrai qu'en les cas désespérés le bon sens vaut beaucoup mieux que l'esprit.

CHAPITRE XLVII.

Tandis que les coupables étaient li-
vrés à leurs réflexions, les amis, en se
promenant dans les ruines, se félici-
taient d'avoir déjoué l'horrible complot
formé contre mistress Irwine et Richard II. L'un et l'autre furent priés
de rendre compte de la manière dont
ils avaient été enlevés. Maria commença, son récit fut court; au milieu
de la nuit on était entré chez elle sans
doute avec une fausse clef. Un homme,
qu'elle reconnut ensuite pour être Siba,
lui lia un mouchoir sur la bouche, l'enleva de son lit, l'entortilla dans un
ample manteau et l'emporta dans ses
bras. Pendant ce temps un autre homme, le prince Tungchanum, avait ouvert le secrétaire et tiré plusieurs tiroirs. Elle entendit refermer la porte
de sa chambre, et, toujours en la portant, Siba descendit l'escalier. Le prince
les suivait. Ils sortirent du château sans
aucune autre peine que d'ouvrir et de

refermer toutes les portes. Ils firent un assez long trajet pour aller gagner une voiture dans laquelle on la déposa. Une seconde personne s'y plaça à côté d'elle. La chaise roula une demi-heure, puis elle s'arrêta. On avait lié les mains à mistress Irwine, elle se trouvait dans la situation la plus gênante; tourmentée d'ailleurs par de funestes pressentimens, elle ne put retenir ses larmes. Outre le mouchoir qui, en lui couvrant la bouche, lui interceptait la respiration, sa tête était empaquetée d'un autre mouchoir de batiste qui ne lui permettait de rien voir. Ses gémissemens sourds et étouffés ne pouvaient être entendus en-dehors du carrosse. Son compagnon l'invitait d'une voix basse à garder le silence. — Pauvre dame! lui dit-il avec le ton de la sensibilité, ne vous affligez pas ainsi : je ne crois pas qu'on soit dans l'intention de vous faire aucun mal; si l'on m'a dit vrai on ne veut que vous éloigner pendant quelque temps d'une maison où votre présence causait de la gêne. Prenez courage, le temps est un grand maître, il vous ramènera peut-être de beaux jours. Mistress Irwine, en écoutant l'homme qui cherchait à la consoler, se disait que cette voix ne lui était pas étrangère; mais elle ne pouvait se rappeler où elle l'avait déjà entendue. Malgré l'épaisseur du voile qui lui couvrait les yeux, elle s'aperçut que le jour commençait à paraître. Il y avait deux ou trois heures que la voiture restait en place, tout était calme, aucun bruit ne troublait le silence de la mort qui environnait la pauvre Maria. Tout-à-coup la portière s'ouvre. — Descendez, dit quelqu'un, je viens prendre votre place, allez prêter la main, on a besoin de vous. Mistress Irwine frémit en reconnaissant la voix de son oncle le duc Armsbury; elle l'avait entendu parler quand le roi le fit venir pour l'exiler. On doit se rappeler que sa majesté avait fait passer Maria dans une pièce voisine, afin qu'elle pût être témoin de la conversation sans être vue d'Augustin. Avant de la quitter, l'homme qui était à ses côtés lui dit fort bas : — Ne perdez pas courage, je vous sauverai au péril de ma vie. Le duc, aussitôt qu'il fut assis, eut la barbarie d'accabler sa nièce de reproches et de menaces. — Tu m'as déshonoré malheureuse ; le temps de ma vengeance est arrivé, tu paieras pour ton père, pour ta mère, l'ingrate et perfide Caroline, et pour toi ; avec quel délice je te rendrai au centuple tous les maux que m'ont fait endurer tes exécrés parens. L'excès des maux, dit-on, inspire une espèce d'indifférence. Mistress Irwine en fit l'épreuve ; les imprécations de son oncle lui causèrent moins de mal que ne lui en avait occasionné le premier son de sa voix. Si elle avait eu la liberté de lui parler, seulement de le voir, il aurait reçu d'elle, ou lu dans ses yeux, l'assurance du plus profond mépris pour ses menaces et pour lui-même. Le bruit d'une arme à feu interrompit le duc. — Le misérable ose résister, dit sa grace, en baissant la glace. Tuez-le, cria ce monstre affreux, et terminez vite, le temps se passe et nous n'en avons pas à perdre. D'autres coups de pistolets portèrent la terreur de Maria au dernier degré : elle perdit connaissance. Il lui fut impossible d'estimer combien d'heures

avait duré son évanouissement. Quand
elle revint à la vie elle entendit respirer fortement à côté d'elle, ce qui
lui fit penser que son oncle s'était en-
dormi. Bientôt après elle sentit que la
chaise descendait rapidement ; les ca-
hots devinrent plus fréquens, et les
chevaux reçurent de fréquens coups
de fouet, ce qui lui fit présumer qu'on
avait pris un chemin de traverse. On
s'arrêta. Qu'est-il arrivé demanda le
duc ? — Un cheval s'est abattu, dit une
voix que Maria ne connaissait pas. Elle
entendit derrière le bruit d'une seconde voiture qui cessa aussitôt. Plusieurs voix excitèrent le cheval à se relever ; celle du prince et de Siba étaient
parmi. — Tirez dessus, dit Augustin.
Maria ne concevait pas pourquoi on
voulait tuer un animal qui était nécessaire. Il lui parut qu'il s'élevait une dis-
pute ; mais on ne tira point, et l'on se
remit en route. Le prince était monté
aussi dans la chaise, et causait avec le
duc. Leur conversation remplissait leur
infortunée victime d'effroi ; ils semblaient se faire un jeu de ses tourmens. Les plaisanteries les plus libres,

les

les plus grossières blessaient continuelle-
ment ses oreilles délicates. Tout-à-coup
il s'éleva entre eux une altercation assez
vive relativement à l'intérêt. — Vous
allez rentrer dans la totalité de votre
bien, dit le prince, je compte sur la
donation de votre terre de Beloved-
Grove ? — Etes-vous fou ? C'est un
bien qui vaut deux mille livres de revenu. — Je le sais, et pense que ma
demande doit vous sembler bien mo-
dérée, en la comparant aux dangers
auxquels je me suis exposé pour vous.
— Et comptez-vous pour rien l'abon-
dance dans laquelle vous vivez depuis
plusieurs mois, et les sommes énormes
que vous avez dépensées ? — Je vous
prie de me dire ce qu'il m'en reste ?
— Au moins un souvenir agréable. —
Allons donc, milord, vous vous mo-
quez de moi. — Ne faut-il pas encore
que je récompense votre camarade ? —
Je vous préviens qu'il s'attend à toucher
cinq mille livres. — Nous verrons cela.
Après un assez long silence, on baissa
une glace, et Maria entendit le prince
dire, en jurant, qu'on s'était trompé
de chemin. On arrêta ; il y eut des pour-

Tome V. 7

parler, et les postillons avouèrent qu'ils s'étaient égarés. Il fallut revenir sur ses pas. — Les misérables! dit Augustin, nous ont fait perdre plus de douze heures; il y a long-temps que nous serions arrivés sans leur infernale méprise. Les chevaux étaient tellement fatigués, qu'il fut impossible de les faire avancer; on fut forcé de les dételer et de les laisser reposer deux heures. Il semblait que la Providence suscitait toutes ces difficultés pour donner le temps de venir au secours des infortunés. Enfin, l'on aperçut les ruines de Bottomhill, le duc fit une exclamation de joie. C'était le dernier triomphe des scélérats. Le lecteur a vu de quel manière ce sont terminés les projets du vice contre la vertu.

Le récit de Mistress Irwine serra le cœur de ses amis. — Mes souffrances, ajouta-t-elle, ont été grandes, mais combien elles eussent doublé, si j'eusse su que mon cher Richard partageait la rigueur de mon sort. — Faites-vous donc, une idée, chère maman, dit l'orphelin, des angoisses que j'ai dû éprouver, moi qui n'ignorait pas que vous étiez aussi tombée au pouvoir des monstres qui en voulaient à ma vie. Ce fut le tour du jeune homme de raconter comment on avait pu s'emparer de sa personne dans un lieu où le maître et les valets lui étaient tous dévoués. — Ce n'est point à Bounded - Sight, dit Richard, que ces infâmes brigands m'ont enlevé; ils n'auraient osé entreprendre de s'y introduire. Je vais, puisque vous le désirez, vous détailler les scènes effroyables dont je fus témoin et victime.

« Vous vous rappelez, chère maman, que nous nous étions donné rendez-vous à la cabane du pêcheur, à l'enfant duquel vous aviez l'intention de porter des remèdes. Je m'étais promis d'aller vous chercher à la solitude pour vous y accompagner. Au moment où j'allais sortir, le comte Macclesfield me fit dire de passer chez lui. — J'ai mal dormi, me dit sa seigneurie, viens, mon fils, éloigner, par ta présence, la tristesse que m'a laissée un rêve épouvantable, et que je veux te raconter. Le comte, en songe, me voyait dans le danger de perdre la vie. Un animal féroce me tenait dans ses horribles griffes. Sa gueule ouverte était garnie

de dents longues et aiguës. Tout-à-
coup ce monstre disparaît, et sa place
est occupée par un homme dont le visage était couvert d'un crêpe. Il tenait à la main un large damas, et dans
un clin d'œil il trancha ma tête. Sa seigneurie fit un cri et se réveilla. Je
m'efforçai de calmer l'agitation du comte
en lui répétant ce qu'on a dit cent fois,
que les rêves ne pouvaient être regardés
que comme une espèce de démence de
l'esprit. Je l'engageai à rester au lit, et
pris le chemin des bords de la mer,
persuadé que je ne trouverais plus ma
chère maman à la solitude. A une distance peu considérable de la cabane où
j'ai passé mes premières années, j'aperçus
deux voitures qui paraissaient venir de
chez MM. Irwine ou Parker. Je diri-
geai mes pas vers elles, et, comme je
cherchais à reconnaître qui ce pourrait
être, je regardais avec beaucoup d'attention. Je vis trois hommes descendre
de la première chaise, mais j'étais trop
éloigné pour les reconnaître. Un des
hommes se détache, et va ouvrir le second carrosse. Un homme en descend
pour faire place à celui qui s'était ap-

proché, et va monter dans l'autre chaise.
Trois se rejoignent, et précipitent le pas
pour venir au-devant de moi, et me
font signe de me hâter. Bientôt je pus
distinguer les personnages, et, à mon
grand regret, je reconnais le prince
Tungchanum et son ami. La vue de
ces deux étrangers m'avait toujours été
désagréable. Cette fois je sentis s'accroître
l'espèce d'éloignement qu'ils m'inspi-
raient. Je m'arrêtai, et n'eus pas l'air
de remarquer les signes qu'ils me faisaient pour aller jusqu'à eux. Ne me
voyant pas bouger, ils prirent le parti
de doubler de vitesse. A mesure qu'ils
approchaient, je sentais s'augmenter
mon antipathie. Ils étaient accompagnés
par un pauvre pêcheur dont mistress
Irwine soutient la femme et les enfans.
— Nous venons chercher mistress Irwine, me dit Siba en m'abordant. —
Elle n'est pas encore arrivée, répondis-
je ; mais, ajoutai-je, il me semble qu'un
carrosse eût suffi. — Il en fallait deux,
dit le prince en se jetant sur moi, un
pour elle, et l'autre pour toi. J'aurais
pu me défendre contre un seul, et même
en terrasser deux, car je suis très-fort,

si j'eusse prévu leur infernal dessein, mais l'infâme Siba tira des cordes de sa poche, et me saisit les mains qu'ils lièrent. Ces misérables m'attachèrent un baillon et me garottèrent. Le pêcheur, loin de les aider, les traita de barbares et de scélérats. — Vous m'avez trompé, misérables, leur dit-il, en me disant que vous ne vouliez qu'éloigner mistress Irwine de la solitude pendant vingt-quatre heures seulement. Prétendez-vous me rendre complice d'une action abominable? Laissez aller ce vertueux jeune homme, où je fais usage, contre vous-mêmes, du pistolet que vous m'avez donné pour une autre fin. Siba voulut le lui arracher, mais il ne le put assez tôt. Le pêcheur devinant son intention, lâcha la détente, et le coup partit. Le chapeau du prince reçut la balle. Un homme, qui était dans la voiture fermée, mit la tête à la portière, et ordonna de tuer. Aussitôt les deux brigands s'armèrent chacun d'un pistolet, et les tirèrent sur l'infortuné, qui expira en tombant. Moins effrayés de leur crime, que pressés de se soustraire à la vue, ils m'entraînèrent jusqu'à la chaise vide, dans laquelle ils me firent monter de force. Le prince s'y plaça à côté de moi, tandis que le misérable Siba retourna vers le cadavre du pêcheur. Je le vis charger le corps sur ses épaules, et courir vers le rivage : sans doute il l'a précipité dans la mer. A son retour le prince descendit de la chaise où j'étais, et se réunit à ses complices pour délibérer ensemble. Je les vis gesticuler; mais je ne pouvais les entendre. Enfin l'homme que je ne connaissais pas, et qui me parut fort âgé, vint se mettre à côté de moi. Le prince monta sur un cheval, et se mit en devoir de nous conduire. J'entendis l'autre voiture qui suivait la nôtre. Pendant long-temps, nous prîmes des chemins de traverse. — Enfin, me dit mon compagnon de voyage, j'ai la possibilité d'anéantir une progéniture que j'abhorre; puis me regardant avec des yeux qui semblaient vouloir sortir de leurs orbites, il s'écria, d'une voix sépulcrale: — La ressemblance est frappante; comment ont-ils pu s'y tromper? C'est lui, c'est elle; je l'aurais reconnu à ses traits autant qu'à la haine que je lui porte. Jeune homme, me dit-il, dis-moi la vérité? mistress Irwine est-elle pour toi un objet précieux? Il semblait attendre la réponse que je ne pouvais lui faire de vive voix, mais mon regard dût lui certifier toute ma tendresse pour ma bienfaitrice. — Je te comprends fort bien, tu la chéris, tant mieux, tu souffriras davantage en apprenant qu'elle est, ainsi que toi, en mon pouvoir; mais n'espérez pas que je vous réunisse; l'un et l'autre séparez pour la vie, vous pourrez, à loisir, maudire ceux qui vous ont donné la naissance; la paix ne rentrera dans mon cœur qu'au moment où j'aurai vu tarir la dernière goutte du sang qui a coulé dans leurs veines. La figure de cet homme barbare, parfaitement d'accord avec l'atrocité de ses paroles, dont je n'ai compris d'autre sens que le besoin de commettre des crimes, m'a inspiré une telle horreur pour sa personne, que j'ai fermé les yeux pour ne le point voir. Il a continué ses imprécations jusqu'au moment où nous arrêtâmes. J'ouvris les yeux, et vis que nous étions devant une maison qui avait l'apparence d'une ferme. Au bout d'un quart-d'heure, on amena d'autres chevaux qui remplacèrent les nôtres. Avant qu'ils fussent attelés, le méchant homme me quitta, et je le vis monter, avec le prince, dans la première chaise où je savais qu'était ma bien aimée maman. Siba vint prendre à côté de moi la place vacante, et de nouveaux postillons nous menèrent. Je n'aurais rien à ajouter au récit de mistress Irwine, dit Richard II, si, comme elle, j'eusse été privé de la vue. L'ordre de tuer que celui, pour qui j'éprouvais une haine motivée par son atroce conduite, répéta plusieurs fois, n'avait point pour objet le cheval abattu comme le crois ma chère maman, il s'agissait du pauvre Bob, dont le courageux dévouement causa sans doute sa mort. Il arrivait au galop. Son cheval tomba sur lui, et l'écrasa. Sa monture fut attachée à une des chaises; et on le laissa mort sur le chemin. — Il n'est pas mort, chère frère, dit le jeune Parker en serrant tendrement Dick entre ses bras. — C'est lui, dit M. Barfort, qui a dirigé nos démarches par ici. — Ou plutôt, dit M. Irwine, c'est aux pressentimens de Peters que je dois, ajouta-t-il en pressant Maria contre son sein, le bonheur de retrouver celle dont la privation m'eût semblé plus affreuse que la mort.

L'arrivée des gens de justice attira l'attention de tout le monde ; au moment où l'on allait entrer dans la masure, le chirurgien en sortait. — Sont-ils encore vivans, demanda l'adjoint du juge-de-paix ? — Le duc peut exister encore vingt-quatre heures, et je ne désespère pas de sauver l'autre. Ce fut avec peine que toutes les personnes, dont la présence était nécessaire, purent entrer. En apercevant les baillis, sa grace tomba dans des convulsions. Le docteur lui fit avaler des cordiaux. Pendant ce temps, on commença à interroger le prince. — Je n'ai qu'un mot à dire. Voilà, en montrant le duc Armsbury, le moteur de tout le mal que j'ai fait, c'est sur lui seul que doit tomber la rigueur de la loi. Je n'ai agi que par ses ordres, c'est lui que vous devez interroger. Quant à moi, je n'ai rien à dire, et me voue au silence. Les tortures les plus affreuses ne me le ferait pas rompre. — Votre complice, dit un sergent, parlera pour vous, et l'on se tourna vers Siba. — Qui êtes-vous? — Un homme qui ne craint pas la mort. — D'où connaissez-vous ces trois hommes? — Que vous importe. — Vous êtes de complicité dans l'enlèvement de mistress Irwine et de son jeune protégé? — J'ai aidé à l'exécution d'un projet qui n'était pas criminel. Au reste, je suivrai l'exemple de mon ami, en ne répondant plus un mot. — Nous verrons cela plus tard. On s'adressa à l'homme trouvé dans la masure, qui répéta ce qu'il avait déjà dit. — Ces quatre personnes, dit l'adjoint, doivent être conduites dans les prisons de ★★★. — Le duc, dit le chirurgien, n'y arriverait pas vivant. — Vous vous trompez, dit Tungchanum, l'abattement où vous le croyez n'est qu'une feinte. Le scélérat était bien sûr que sa grace n'était point en état de supporter le voyage, mais, comme ses dépositions pouvaient le perdre, il désirait ardemment qu'il expirât avant de parler. Le paysan, complice de ces trois criminels, demanda un entretien particulier à l'adjoint du juge-de-paix. Ils sortirent ensemble de la masure. Dès qu'ils furent hors de la vue, il se jeta à ses pieds. — Je suis père de cinq enfans, lui dit-il, ma chaumière est à un mille d'ici. Le duc Armsbury est venu me proposer vingt pièces (*) si je voulais habiter les ruines de Bothomhill pendant quelques semaines. Ne voyant aucun mal à sa proposition, je l'acceptai. Ma pauvre famille fut r'habillée, et nous prîmes une meilleure nourriture. Au bout de quinze jours, le duc revint, et me dit qu'il avait acheté une petite maison au bourg de Who*** qu'il l'habitait, et avait pris le nom et la manière de vivre d'un homme du commun. Je le vis souvent depuis, et peu à peu il me donna sa confiance, du moins, je le crus alors. Mais je vois bien à présent qu'il n'a cherché qu'à me tromper. Il me dit qu'il avait récemment épousé une femme dont il était amoureux depuis long-temps, et qu'il avait découvert qu'elle lui était infidèle : il ajouta que l'amant de la duchesse était un très-jeune homme dont elle pourrait être l'aïeule : qu'étant

---

(*) Livres sterlings.

révolté de la duplicité de ces deux êtres, il s'était décidé à les enfermer dans les caves de Bothomhill, et, comme je lui témoignai ma surprise d'un projet aussi barbare, il m'assura qu'il aurait soin de pourvoir à leur nourriture, et que c'était pour cette raison qu'il venait demeurer au bourg, ne voulant confier à personne la charge de leur apporter leurs alimens, emploi qu'il remplirait lui-même. Malgré que je partageasse son indignation pour la femme adultère qu'il voulait punir, il vit bien que je n'approuvais pas l'horrible vengeance qu'il méditait. — Tu crois peut-être, me dit sa grace, que ma juste haine leur destine un séjour affreux, suis-moi, et tu verras que je suis humain, même avec mes ennemis. Il me conduisit à travers les ruines, dérangea quelques pierres qui dérobaient à la vue un escalier. Il m'avait fait prendre une lumière, nous le descendîmes. Après avoir traversé plusieurs caves spacieuses, il me fit entrer dans un caveau plancheyé, il y avait un lit, une table et deux chaises. — Vois, il n'y a pas ici la moindre humidité. Tous ces petits meubles, qui sont là depuis trente ou quarante ans, se sont parfaitement conservés. Il y a un second caveau à l'extrémité de la grande cave, qui est exactement semblable à celui-ci. — Ceci a donc déjà servi à des prisonniers, lui dis-je ? — Je l'ignore; c'est le hasard qui m'en a fait faire la découverte. Persuadé, qu'après avoir tenu sa femme et le jeune homme enfermés pendant quelques temps, il finirait par leur rendre la liberté, je ne vis aucun inconvénient à consentir à ce qu'il désirait de moi. Il s'écoula encore plusieurs mois. Je couchais toutes les nuits dans la masure. Nous existions tous sans que j'eusse besoin d'aller, comme ci-devant, travailler à la terre. Enfin il y a trois semaines, le duc vint m'ordonner de nettoyer et d'arranger les deux caveaux. Il me donna de l'argent pour acheter des draps et tout ce qui serait nécessaire, et m'enjoignit de ne pas m'éloigner, attendu qu'il pouvait arriver, avec les deux coupables, d'un moment à l'autre. Effectivement, il est venu. Mais, juste ciel! comment s'est-il présenté à mes yeux ! Je m'aperçois, trop tard, que celui que je croyais un honnête homme, est un misérable qui m'a précipité dans un abîme. Au nom de ma femme et de ma nombreuse famille, ne me punissez pas. Ma confiance dans milord Armsbury n'a pu me faire présumer qu'il se servait de moi, comme on se sert d'un intrument tranchant. Ma crédulité m'a perdu ; néanmoins, monsieur, j'ose espérer que vous ne me confondrez pas avec les deux complices du duc Armsbury. Je vous ai dit la pure vérité. L'adjoint crut reconnaître, dans la conduite de cet homme, plus de faiblesse que de méchanceté, et il lui promit de parler en sa faveur ; mais il ne put prendre sur lui de le relâcher. Après avoir appelé M. et mistress Irwine, MM. Parker, Barfort et les deux jeunes gens, il dit au paysan de les conduire dans le logement destiné aux prisonniers. Ils le trouvèrent tout prêt à les recevoir. Ils étaient munis de provisions, les lits proprement et fraîchement faits : on vit, dans chaque caveau, une lampe allumée, les portes, les serrures et les verroux étaient dans le meilleur état possible. Maria frémit en entrant dans un lieu qui, probablement, aurait été son tombeau. Elle se jeta, en pleurant, dans les bras de son mari, tandis que Richard Ier. pressait tendrement son cher Dick contre son cœur. Cette scène muette attendrit tous les spectateurs. — Ainsi, dit le paysan, les yeux humides, cette dame n'est pas l'épouse du duc? — C'est sa nièce, dit Edward, et ma compagne chérie. — Et cet intéressant jeune homme? — Est l'être le plus aimable et le plus vertueux. — Le monstre, comme il m'a trompé! On s'empressa de remonter. Mistress Irwine aurait bien voulu retourner sur-le-champ à la solitude, mais l'adjoint du juge-de-paix la pria de venir à A*** avec ses amis pour y faire leur déposition. — Tout le monde, dit Maria, est sûrement dans les plus vives inquiétudes à la solitude, il faut y envoyer quelqu'un. M. Parker proposa de faire partir son fils, et sur-le-champ le jeune homme monta à cheval et s'éloigna au galop.

Le chirurgien persistait à dire qu'on ne pouvait transporter le vieux duc. On était fort embarrassé, car il était impossible de laisser les prisonniers dans la masure,

masure, le prince et son ami conti-
nuaient à garder le silence, sa grace
semblait avoir recouvré un peu de force.
De quart-d'heure en quart-d'heure, le
médecin lui faisait avaler quelques gou-
tes d'un cordial régénérateur. — Vous
êtes sûr, lui demanda le moribond, que
je n'en puis revenir? — Comme de mon
existence. — On s'est quelquefois trompé
dans de pareilles circonstances. — Il
faudrait un miracle, et ni vous, ni moi,
n'y croyons. — En ce cas, faites venir
l'adjoint du juge de paix, M. et mistress
Irwine, et tous leurs amis. Un des
gardes fut les chercher. — Que prétendez-vous faire, dit le prince en lui lan-
çant un regard terrible? — Alléger ma
conscience. Tungchanum était sur le
lit à côté de milord. — Homme faible
et pusillanime, dit-il, en se précipitant
sur lui! Comme il avait été grièvement
blessé, on n'avait pas cru devoir lui lier
les bras : heureusement, le chirurgien vit
son mouvement, et prévint les suites
fâcheuses qu'il aurait eu, en lui saisissant
les mains. Le duc fut très-effrayé, et se
trouva mal; il revenait à lui quand tous
ceux qu'il avait demandés entrèrent. —

L'approche du moment terrible, dit sa grace, me force à faire des aveux que je croyais emporter au tombeau. J'ai peu d'espoir de sauver mon ame, néanmoins je ne dois rien négliger pour obtenir l'indulgence du Dieu que j'ai si souvent offensé. Mes fautes, qui devinrent bientôt des crimes, prirent leur source dans la jalousie que m'inspira mon frère Herbert. Je conçus pour lui une haine que sa mort ne put détruire, et qui s'étendit sur ses enfans et petits-enfans. Cet homme, en montrant Tung-chanum, au moins aussi coupable que moi, excita sans cesse en moi le désir de la vengeance. Une seconde fois Tung-chanum se précipita sur le duc, et du poids de son corps tâcha de l'étouffer; on l'en arracha, mais, milord était évanoui, on eu beaucoup de peine à lui rendre la connaissance. Il était d'une excessive faiblesse, et ne pouvait parler qu'avec une extrême difficulté. — Je déclare, dit-il, que ce scélérat est coupable d'une multitude de crimes, il fut mon.... Une crise l'empêcha d'achever et il expira. Le prince grinçait des dents, et blasphémait d'une manière épouvantable. — Es-tu fou, lui dit Siba? ce qui t'arrive ne devrait ni te fâcher, ni t'étonner, ton complice te dénonce, c'est l'ordinaire, ce qu'on t'a fait, tu le feras peut-être à d'autres, et tu allégueras, comme milord Armsbury, qu'il fallait alléger ta conscience. — Jamais, dit Tungchanum. — Je le désire pour ceux qui s'étaient dévoués à tes intérêts. Quant à moi, je suis sans appréhension, je me suis prêté à une chose que j'ai cru juste, voilà tout. — Vous êtes un adroit coquin, dit l'adjoint en fixant le siamois, mais nous connaissons les petites ruses de vos semblables. — Je ne suis que prévenu, attendez, monsieur, que je sois convaincu avant de vous permettre de me parler ainsi ; jusque-là, je suis un homme comme vous.

Le corps du duc fut placé avec le prince sur un brancard, Siba et le paysan firent le chemin à pied, des gardes les entouraient. Les voitures servirent à mistress Irwine, ses amis et le docteur : ils arrivèrent chez le juge de paix de ★★★, long-temps avant les prisonniers. Comme ils brûlaient de retourner chez eux, ils partirent aussitôt que les trois accusés furent enfermés dans la prison. Seulement, on leur fit promettre de se présenter, lors du jugement : vainement chercha-t-on à deviner qui pouvait être ce Tungchanum ? Il ne pouvait être douteux que ce ne fût un scélérat gagé par le duc Armsbury, Maria penchait à croire que le prince et ce Humphrey qui avait joué un rôle si atroce dans l'histoire de son père, n'étaient qu'une personne, mais milord Armsbury avait dit au roi que le valet-de-chambre qui avait ourdi toutes les trames contre son frère et sa famille était mort. Quant à Siba, le duc n'en avait fait aucune mention. C'était, sans doute, un homme que le prince supposé avait séduit par l'appât d'une forte récompense.

Le retour à la solitude fit jeter des cris de joie à tous les habitans. Le comte Macclesfield, qui ne l'avait pas quitté, reçut Richard II dans ses bras à sa descente de voiture, des larmes s'échappaient de ses yeux. — Je te revois, oh ! mon fils ! Ce jour est le plus beau de ma vie. Pardonnez, madame, dit-il à Maria, j'aurais dû commencer par vous.

Croyez bien que je partage le plaisir qu'éprouvent vos amis, j'ai gémi avec eux. Durant le temps de votre absence, ces larmes n'ont cessé de couler sur une perte irréparable. Combien, chère madame, vous devez chérir la vie! L'amour que chacun vous porte quoique mérité, doit remplir votre ame d'une félicité céleste. Je n'envie pas votre bonheur, mais je sens que si j'étais à votre place je me croirais le plus heureux des hommes.

~~~~~~~~~~~~~~~~~~~~~~~~~~~~~~~~~~

CHAPITRE XLVIII.

QUAND on apprit dans les environs de la solitude la disparition de celle à qui l'on avait donné le nom de la mère des pauvres, la tristesse s'empara de tous les cœurs. En se demandant si l'on avait eu des nouvelles de la bonne dame, on voyait des pleurs rouler dans tous les yeux. Plusieurs pêcheurs s'étaient répandus dans la campagne pour prendre des informations : le plus désolé de tous était le père de l'enfant malade, cause innocente de l'assassinat du protégé de mistress Irwine. Il n'était personne qui ne crût que le sang trouvé par Jenny et Bob, ne fût celui de l'orphelin.

Richard 1er. fut reçu comme un ange envoyé du ciel. Il était porteur de si bonnes nouvelles ! — Mistress Irwine est retrouvée, et Richard II est avec elle. Ces mots passaient de bouche en bouche. Le jeune Parker fut embrassé par les maîtres et les valets, le comte lui fit répéter plus de dix fois qu'il avait vu son
~~~~~~~~~~~~~~~~~~~~~~~~~~~~~~~~~~

cher fils, et qu'il n'avait pas été blessé. Le vieux Peters disait en pleurant : — C'est moi qui leur ai conseillé d'aller aux ruines de Bottomhill. Je rends grace au Seigneur, d'avoir pu sauver de sa perte notre bien aimée maîtresse. Pauvre chère dame ! quel eût été son sort ! au pouvoir du plus méchant de tous les hommes, combien elle aurait eu a souffrir ! — Brave homme, dit le comte Macclesfield, nous te devons tous plus que la vie. Prends ceci, en attendant que je te donne une plus grande marque de reconnaissance, et, sa grace présentait au vieillard une banque-note de cent livres sterlings. Peters fit un pas en arrière. — Peters, milord, n'a jamais reçu de récompense pour avoir rempli son devoir. Quelle somme, telle prodigieuse, qu'elle fût, pourrait me payer aussi bien que je le serai en revoyant la noble et excellente mère des pauvres ? La vue d'un palais d'or qui serait ma propriété ne ferait pas sur mon ame la centième impression du bonheur que m'a fait ressentir la nouvelle de son retour. Le comte tendit la main à Peters. — Mon ami, tu es digne d'occuper une place dans le cœur de tous les honnêtes gens, les sujets comme toi sont bien rares. — Non pas ici, milord; car, il n'y a pas deux sentimens sur nos bons maîtres; il serait difficile de trouver parmi nous une seule personne qui ne fît avec empressement les plus grands sacrifices pour prouver son attachement à M. et mistress Irwine. — Peters nous rend justice, dirent ensemble tous les valets. Mistress Mettlesome et Jenny étaient montées sur une plate-forme, placée sur le corps-du-logis du centre, afin de voir arriver les voitures, que cependant d'après le dire de Richard Ier., on ne pouvait raisonnablement attendre que dans cinq ou six heures, peut-être même le lendemain. Aussitôt qu'on les aperçut, les cloches de White-Chapel sonnèrent en branle. Tous les habitans, à plus de trois milles à la ronde, furent au-devant, et témoignèrent leur joie par des cris mille fois répétés de vive la mère des pauvres! La reconnaissante Maria leur fit le plus agréable accueil, et les remercia de leur attachement, en les nommant tous les uns après les autres. La femme et les enfans du pauvre pêcheur,

que

que Dick avait vu assassiné, restaient en arrière, et paraissaient fort tristes. Mistress Irwine appela la mère, et lui demanda où était son époux? — Hélas! ma bonne dame, Dieu seul le sait, il n'est pas revenu coucher, et ni ses enfans, ni moi ne l'avons trouvé nulle part. Le pauvre homme avait comme perdu la tête. Depuis l'arrivée dans le pays d'un étranger, Henri avait l'air d'un insensé. Il soupirait pendant la nuit, et pleurait pendant le jour; j'avais beau lui demander ce qu'il avait, je n'avais jamais d'autre réponse que, je n'ai rien. Souvent l'étranger qui demeurait sûrement près de chez nous, je n'ai jamais pu savoir où, venait le chercher avant qu'il partit pour aller à la pêche. Notre fils aîné, qui a dix ans, m'a rapporté que ce monsieur disait une fois à son père: — Vous ne pouvez plus vous en dédire, au reste, vous ne risquez rien. Songez que votre famille vivra dans l'aisance. Henri répondit: — Je préférerais les nourrir tous avec mon sang. Quand notre petit m'eut rendu cela, pensai qu'on voulait faire faire quelque chose à notre homme qui n'était pas

Tome V.

et je le lui dis. Il devint rouge, et puis
très-pâle. — Sois tranquille, Betty, le
bon Dieu ne permettra pas que je de-
vienne un méchant homme. Il y a deux
jours qu'il me parut encore plus triste.
Il se leva deux heures plutôt qu'à l'ordinaire, et mit beaucoup plus de pré-
cipitation à apprêter ses filets, etc. —
Betty, me dit-il, si le vieux monsieur
vient, tu lui diras que je suis allé passer
huit jours chez ton frère : comme Henri
sortait, il fut joint par celui qu'il semblait
vouloir éviter, je les vis marcher ensemble. Je n'aime pas ce grand homme-là,
pensai-je, il a une mauvaise physiono-
mie, si Henri m'en croit, il ira réellement chez mon frère. Mon homme était,
le soir en rentrant, un peu gris, ce qui
lui arrive bien rarement. Il m'embrassa,
et caressa ses enfans. — Betty, me dit-il,
la pêche et la vente vont bien, je te donnerai
bientôt pour t'acheter une robe, et aussi
pour habiller ces chères petites créatures.
Il dormit assez bien jusqu'à minuit,
mais quand il fut reveillé, il recom-
mença à soupirer, je pris sa main dans
les miennes, elle était brûlante. — Tu
as des peines, mon Henri, confie-les à

ta Betty, elle te consolera. Il répéta qu'il n'avait rien, et se leva de bon matin, pourtant, il ne sortit qu'à sept heures. Avant de quitter la cabane, il embrassa toute sa famille. — Adieu, ma chère Betty. — Plutôt au revoir, dis-je, il ne répondit rien, et s'éloigna très-vite. Je le suivis des yeux tant que je le pus, Henri n'avait pas voulu que notre aîné le suivît. Eh bien! madame, depuis je n'ai pas revu Henri, et personne n'en a eu de nouvelles. — Pauvre femme! pensa Maria, tu ne le reverras plus. Néanmoins, elle tâcha de consoler l'infortunée veuve. Elle pria Richard II et tout le monde de ne pas parler de l'assassinat du pêcheur. Il vaut mieux, dit mistress Irwine, qu'elle conserve l'espoir de le revoir un jour que d'apprendre de quelle manière il a cessé de vivre. Jenny fut chargée par sa maîtresse de faire habiller la mère, ainsi que les enfans, et de pourvoir à leur besoins journaliers.

Le comte Macclesfield obtint de son fils que le mariage d'Edwine avec l'orphelin se ferait sous quinze jours. Sa seigneurie avait donné les ordres pour que les fêtes qu'elle voulait donner fussent brillantes : trois jours avant, monsieur, mistress Irwine, M. Parker, M. Barfort, les deux jeunes gens et les valets qui avaient suivi leurs maîtres à Bottomhill reçurent une invitation de se transporter à *** pour y être confrontés avec les prisonniers. On s'y attendait, et cependant cela fit une sorte de peine, Maria aurait désiré ne plus entendre parler de tout cela, mais il n'y avait pas moyen d'éluder. Ils se mirent tous en route le lendemain de grand matin, à l'exception de Richard Ier., qui s'était foulé un pied. On avait prolongé l'audience pour les attendre ; la salle était remplie d'une foule de curieux, des siéges commodes avaient été préparés pour les témoins. Siba et le paysan étaient couverts de chaînes, Tungchanum avait seulement les mains attachées. Son extrême pâleur jointe à sa laideur naturelle, en faisait un objet effroyable; Maria frissonna en jetant les yeux sur lui. Un des juges prit la parole, il tenait un cahier de papier à la main. — Un des prévenus, dit-il, a fait écrire, sous sa dictée, le contenu de ce cahier, c'est sa confes-

sion. Il a demandé qu'elle fût lue publi-
quement en sa présence. — C'est, a-t-il
dit, la plus terrible punition que je puisse
m'imposer. Tout le monde jeta la vue
sur le prisonnier repentant. La tête et les
yeux baissés, il paraissait dans le plus
grand abattement. Le greffier fut chargé
de faire la lecture du volumineux cahier;
il commença comme il suit.

« O! vous, qui faites le premier pas
» dans la carrière du vice, frémissez.
» Dès qu'il l'a franchi, l'homme y mar-
» che à grand pas, et ne s'arrête qu'à la
» catastrophe qu'il ne peut éviter. Mon
» complice, milord-duc Armsbury, et
» moi, en sommes un terrible exemple.
» Je fus bien coupable, sans doute, mais
» Augustin me surpassa de beaucoup en
» cruautés. Peut-être me blâmera-t-on
» de dénoncer un aussi grand seigneur.
» Pourquoi ménagerait-on davantage
» celui qu'une haute naissance élève au-
» dessus du vulgaire? Ses crimes sont-
» ils plus excusables? Je pense qu'il est
» encore plus coupable, et mérite une
» plus forte punition que l'homme qui
» n'a ni éducation ni richesse : il m'est
» permis de donner au duc la part qui

» lui revient. Hélas! la mienne est déjà
» assez forte sans y joindre celle d'un
» autre.

» Je suis irlandais. Forcé de quitter
» mon pays à l'âge de dix-neuf ans pour
» de petites espiégleries qui pouvaient
» me mettre en rapport direct avec la
» justice criminelle, mes parens me dé-
» fendirent de porter mon nom de fa-
» mille, je pris celui d'Humphrey. J'en-
» trai au service de milord-duc Arms-
» bury père, qui me céda à milord Au-
» gustin son fils aîné (*). Il me fallut
» peu de temps pour acquérir la cer-
» titude que mon jeune maître n'avait
» d'humain que l'enveloppe. Tous les
» vices réunis habitaient son cœur. J'ai
» connu ce que l'on appelle de mauvais
» sujets, des hommes sans mœurs, sans
» honneur, sans principes, et je puis cer-

(*) Je ne suivrai pas servilement la confession du scélérat Humphrey; elle renferme
des détails si odieux, si révoltans, que je me
décide à ne donner au lecteur que ceux qui
sont indispensables à l'éclaircissement de plusieurs faits. Je me bornerai donc à n'offrir que
l'extrait de sa longue relation.

» tifier qu'Augustin a dépassé de beau-
» coup l'idée que j'avais conçue de la
» perversité. Faux, traître, perfide, dis-
» simulé, hypocrite, haineux, atroce
» dans ses projets de vengeance, qu'il
» méditait dans le silence, et exécutait
» avec sang-froid, tel fut, dès sa jeu-
» nesse, et jusqu'à la fin de sa carrière,
» l'homme que je reçus l'ordre de servir
» et d'obéir aveuglément. Milord-duc
» Armsbury avait deux fils. Herbert,
» frère puîné d'Augustin, était précisé-
» ment l'opposé de son aîné. Bon, doux,
» docile, bienfaisant, humain, il fut l'i-
» dole de tous ceux qui étaient à portée
» de le connaître. Ses vertus furent la
» cause de ses malheurs. Il devint un
» objet de haine et d'envie pour son père
» et son frère. Ce dernier était rongé de
» jalousie contre celui qui obtenait sans
» effort l'amour et l'estime, tandis que
» lui, qui prenait beaucoup de peine pour
» gagner le respect et l'attachement, ne
» rencontrait que froideur et indiffé-
» rence, cela est facile à concevoir. Le
» seul moyen qu'il n'employait pas était
» précisément le seul qui lui eût été fruc-
» tueux, un changement total de carac-

» tère. Alors je ne haïssais pas Herbert,
» et si quelquefois je faisais de calom-
» nieux rapports sur son compte, c'était
» uniquement pour obtenir la confiance
» d'Augustin.

» En acquérant des années, Herbert
» devint un beau et aimable jeune
» homme. Le favori du duc avait aussi
» un superbe physique, et néanmoins il
» ne plaisait à personne. Son regard,
» qu'il lançait toujours obliquement, lui
» donnait un air en-dessous qui ne ga-
» gne ni l'amitié ni la confiance.

» Les succès répétés d'Herbert le ren-
» dirent tellement odieux au duc et à Au-
» gustin, que, le premier excité par l'autre,
» éloigna l'objet qui faisait journellement
» la critique de leurs défauts par la com-
» paraison qu'on en pouvait faire avec
» ses qualités. Il fut décidé qu'on l'en-
» verrait dans un vieux château appar-
» tenant à sa grace. Plusieurs des gens
» proposèrent d'accompagner l'exilé, ce
» fut encore une mortification pour ses
» ennemis. Le duc ne permit qu'à la
» femme qui avait appartenu à défunte
» la duchesse Armsbury, et qui idolâtrait
» Herbert, de partir avec lui. Je fus

» aussi du voyage, mais ce fut pour
» rendre compte de leur conduite.
» Comme on s'était d'abord opposé à ce
» que mistress Eglantine suivit son jeune
» maître, on craignit qu'elle ne cher-
» chât à éloigner Herbert de l'obéis-
» sance et de la soumission qu'on exi-
» geait de lui. Bottomhill-Place était bien
» le lieu du monde le plus triste et le
» plus ennuyeux. Il me fut impossible
» d'y rester sans chercher quelques dis-
» tractions. Je vins à Penrith, j'y for-
» mai un attachement, et ma surveil-
» lance fut négligée. Le jeune Herbert,
» de son côté, fit connaissance avec une
» vieille douairière très-riche des envi-
» rons, il vit la jeune et jolie lady Ca-
» roline Argyle, petite-fille de la châte-
» laine et son héritière ; l'amour se glissa
» en même temps dans le cœur de ces
» deux aimables enfans. La grand'mère
» approuva et favorisa leur attachement.
» Tout cela se passa à mon insu, quand
» j'en fus instruit, les choses étaient si
» avancées, qu'il me fallut user de moyens
» violens pour regagner la confiance de
» sa grace et de son fils Augustin. Jus-
» que-là, je l'ai dit, l'intérêt seul diri-

» geait ma conduite avec Herbert, mais
» nous eûmes un démêlé à Penrith,
» il me traita avec hauteur et excita la
» populace contre moi. A compter de ce
» moment, je partageai la haine que mes
» maîtres lui portaient, et je fis le ser-
» ment de me venger en ajoutant encore
» aux mauvais traitemens qu'on avait
» pour lui.

 » Pour le malheur des deux amans,
» milord Augustin devint très-amou-
» reux de lady Caroline, qui était re-
» tournée à Londres chez son père, il
» demanda sa main au duc d'Argyle,
» qui la lui accorda, mais la jeune dame
» ne ratifia pas le traité: son père, le
» duc Armsbury, et Augustin ne pu-
» rent obtenir qu'elle laissât seulement
» l'espérance de la toucher un jour.
» Tant qu'Augustin ne crut avoir à
» lutter que contre l'indifférence de celle
» qu'il adorait, il persévéra, sans té-
» moigner autre chose que du chagrin,
» mais quand il fut informé que le prin-
» cipal obstacle, et peut-être le seul,
» venait de l'inclination mutuelle de son
» frère et de lady Caroline, la rage
» s'empara de lui, il jura la perte de

» tous les deux, s'il fallait qu'il renonçât
» à la possession de Caroline.

» Un heureux hasard me fit rencon-
» trer la femme-de-charge de la du-
» chesse douairière, dans une boutique
» à Penrith, elle dit qu'elle habitait le châ-
» teau de Westwood, situé à trois milles
» de la ville. Sur-le-champ je conçus le
» projet d'essayer de la mettre dans nos
» intérêts. A son accent, je devinai
» qu'elle était irlandaise, je lui deman-
» dai son nom, et dès qu'elle l'eût pro-
» noncé, je m'écriai d'un air joyeux,
» que j'avais l'honneur d'être son pa-
» rent. Elle parut enchantée de cette
» découverte, et m'engagea à l'aller voir,
» j'éludai sous un prétexte spécieux de
» paraître à Westwood-Hall, mais je
» la suppliai de m'accorder un rendez-
» vous dans un endroit du parc qu'elle
» me désignerait, et, sans détour, je lui
» dis qu'elle avait touché mon cœur,
» et que je l'aimais à la folie. Elle ou-
» blia sa vieillesse et sa laideur, et ne
» douta nullement qu'elle n'eût fait ma
» conquête. Nous nous vîmes plusieurs
» fois, et par son moyen je fus instruit
» des secrets de la famille. J'appris que

» le mariage d'Herbert et de lady Caro-
» line devait se célébrer sous quinzaine:
» un exprès fut aussitôt dépêché à milord-
» duc Armsbury. Malgré ma précau-
» tion, il survint un accident qui fit hâter
» l'union des amans. La douairière,
» une nuit, fut attaquée d'une apoplexie;
» quand elle reprit connaissance, elle
» voulut qu'on mariât tout de suite près
» de son lit, lady Caroline avec Her-
» bert, et désira que tous ses gens en
» fussent témoins. Mistress O-Kiel, la
» femme-de-charge, celle dont j'avais
» gagné les bonnes graces, vint me trouver
» dans le parc, où je l'attendais, et me
» fit part de ce qui se passait. — Nous
» pouvons, lui dis-je, faire un coup de
» maître. Savez-vous où la duchesse à
» déposé son testament? S'il est entre
» les mains d'un homme de loi, il n'y a
» rien à faire, mais si... — Il est en sa
» possession, elle l'a montré à Peggy et
» à moi, il y a peu de temps, en nous
» disant que nous n'y étions pas ou-
» bliées. — En ce cas, je me mêlerai
» dans la foule, au moment de la céré-
» monie; quand on sortira, vous tâ-
» cherez de me cacher quelque part. Je

» me fais fort de trouver ce testament.
» L'événement seconda parfaitement
» nos projets. La douairière en assu-
» rant à ses gens qu'elle les avait tous
» nommés dans son testament, jeta les
» yeux sur son secrétaire ; c'est-là,
» pensai-je, où je dois le chercher. Mis-
» tress O-Kiel me fit cacher au pied du
» lit. La malade témoigna le besoin de
» dormir. La femme-de-charge emmena
» Peggy et le docteur, qu'elle tâcha d'oc-
» cuper. Je m'étais muni à tout événe-
» ment d'un paquet cacheté seulement
» avec un peu de cire, dans lequel il
» n'y avait que des feuilles de papier
» blanc, il portait pour unique suscrip-
» tion ces mots *mon testament*, j'avais
» changé mon écriture. Croyant la du-
» chesse endormie, je me rends direc-
» tement au secrétaire. Le premier ti-
» roir que j'ouvre contenait l'objet de
» ma convoitise, je m'en empare, ainsi
» que du cachet aux armes d'Argyle.
» J'étais tellement occupé de mon ex-
» pédition que j'avais oublié que la douai-
» rière était dans la chambre. L'idée
» m'en revint, je tourne la tête de son
» côté, je vois la duchesse sur son séant,

» qui fixait sur moi des yeux égarés. Je
» la regarde insolemment, elle parais-
» sait pétrifiée. Je m'aperçus qu'elle fai-
» sait de vains efforts pour parler ; inu-
» lement, aussi, elle étend le bras pour at-
» teindre la sonnette, je reconnus que ma
» présence et mon action lui avaient occa-
» sionné une violente émotion qui venait
» d'achever de paralyser sa langue. Sen-
» tant que j'étais perdu, si sa grace re-
» couvrait la parole, je m'élance vers
» son lit, afin de hâter un moment qui
» la débarrasserait de ses souffrances mo-
» rales et physiques, mais m'apercevant
» qu'elle commençait à articuler quel-
» ques mots, je sors précipitamment par
» le côté opposé à la pièce où le mé-
» decin, la femme-de-chambre et mis-
» tress O-Kiel discouraient. Comme j'ou-
« vrais la porte, j'entendis la malade
» prononcer faiblement le nom de Peggy ;
» je n'avais encore fait que la moitié
» de la besogne, il fallait apposer les
» armes sur mon paquet. Craignant de
» ne le pouvoir pas sans être décou-
» vert, je rentrai, et plaçai le testament
» de ma façon dans le tiroir d'où j'avais
» tiré le véritable. La duchesse appela une

» seconde fois Peggy. Je me sauvai assez
» à temps pour n'être pas surpris.
» Comme je regagnais l'escalier, j'en-
» tendis un bruit de chevaux dans
» les cours, j'entre dans un parloir, et
» vois descendre de carrosse milord duc
» d'Argyle et Augustin. Ne sachant où
» me cacher , je remonte dans l'anti-
» chambre de la douairière , mistress
» O-Niel vient à moi. — Êtes-vous fou,
» me dit-elle ? Si on vous trouve ici nous
» serons tous les deux compromis , la
» duchesse vient d'expirer. — *Vivat*,
» m'écriai-je, tout est arrangé , tant
» bien que mal. Notre secret sera ense-
» veli avec la vieille. — Passez par l'es-
» calier dérobé, et glissez-vous dans le
» corridor des offices, vous trouverez une
» porte au bout qui donne dans une
» basse-cour. Nous nous reverrons ce
» soir dans le parc, hâtez-vous de fuir.
» Je m'échappai sans être vu , mais
» bientôt je rentrai par la grande grille,
» et demandai à être introduit près de
» sa grace milord-duc d'Argyle. Mon
» abord parut le surprendre , mais la
» joie succéda à l'étonnement, quand je
» lui présentai le testament de la défunte.

» — De telle manière, me dit le duc,
» que vous vous y soyiez pris pour sup-
» primer cette pièce d'une grande im-
» portance pour nous tous, je l'ap-
» prouve, et vous pouvez compter sur une
» magnifique récompense. Le duc sonna,
» et fit prier lord Augustin de se rendre
» dans la bibliothèque. Mon maître fut
» transporté, quand il fut instruit que
» j'étais parvenu à rendre nulle la do-
» nation que milady avait faite à sa pe-
» tite-fille de toute sa fortune. Milord me
» fit aussi les plus brillantes promesses.
» Je reçu l'ordre de rester à Wertwood-
« Place, et de surveiller les démarches
« de lady Caroline, du jeune Arms-
» bury, et de tous les habitans du châ-
» teau. Le duc se défiait de l'intendant,
» du chapelain, du valet-de-chambre,
» même du médecin. Il savait que la
» bonté et la bienfaisance de sa mère
» la faisait généralement chérir. Le rôle
» d'espion ne pouvait être mieux rem-
« pli que par moi. Bientôt je commen-
» çai mes découvertes. La surprise de
» trouver du papier blanc au lieu du tes-
» tament, rendit tous ceux qui espéraient
» y être compris tristes et chagrins. —

II

» Il y a quelque chose là – dessous, se
» disaient les gens entr'eux. Mistress
» O-Kiel paraissait la plus affligée. —
» Ma chère maîtresse ne m'avait jamais
» trompé; voilà la première fois. O-Kiel
» me disait-elle, il n'y a pas huit jours,
» après ma mort vous pourrez vivre
» tranquille et indépendante. — Com-
» ment il y a huit jours? Mais encore
» ce matin, dit le sommelier, milady
» nous a assuré, avec sa bonté accou-
» tumée, qu'elle n'avait oublié aucun
» de ses fidèles serviteurs; je veux être
» hâché par morceaux, si cette affaire
» n'est pas une infâme fourberie. Plu-
» sieurs de ses camarades furent de son
» avis. La femme-de-charge se couvrit
» le visage de ses mains, pour cacher
» son trouble, et elle fit semblant de san-
» gloter. Peggy ne parla pas, et pleura
» beaucoup; la gouvernante de lady
» Caroline, mistress Scold, dit qu'elle
» n'avait jamais rencontré que des in-
» grats. Cette scène m'amusait beaucoup.
» Comme je passais dans la hall pour
» aller au jardin, je vis lady Caroline
» remettre quelque chose à une fille de

» peine , que celle-ci cacha dans son
» corset. J'attendis que la jeune per-
» sonne se fût retirée pour accoster Polly.
» En plaisantant avec elle, je lui arra-
» chai ce qu'elle avait voulu soustraire
» à ma vue. C'était une carte, que je
» remis sur-le-champ au duc d'Argyle;
» ce n'était rien moins que la promesse
» de lady Caroline à Herbert de s'enfuir
» la nuit même du château. Elle lui
» donnait rendez-vous à une heure du
» matin au bosquet des Cygnes. Le duc
» voulut s'y rendre en personne. Her-
» bert ne l'ayant pas reconnu, le frappa
» d'une grosse clef qu'il tenait à la main,
» le terrassa, et s'enfuit avec son épouse;
» nous pensions tous que sa grace avait
» été blessée mortellement. Augustin se
» rendit avec moi à Bottomhill, où
» nous espérions trouver les fugitifs :
» nos recherches n'aboutirent qu'à nous
» convaincre que lady Caroline était per-
» due pour milord Armsbury. — Je
» puis me consoler de ne pas la possé-
» séder, dit-il, en écumant de rage, mais
» la savoir dans les bras de l'homme que
» j'abhorre, est un tourment que je ne

» saurais endurer. Que je me venge de
„ tous les deux, et j'aurai bientôt oublié
„ l'ingrate.

„ Cependant, la guérison du duc
„ d'Argyle fut beaucoup plus prompte
„ que l'on ne l'espérait, il ne subit pas
„ l'opération terrible du trépan, quoi-
„ qu'on en fit courir le bruit, et il ne
„ garda le lit que peu de jours. Après avoir
„ pris possession de la fortune immense
„ de sa mère, et renvoyé tous les domes-
„ tiques, sans accorder la moindre gra-
„ tification à aucun d'eux, il reprit avec
„ mon maître le chemin de la capitale,
„ ne laissant à Westwood-Place, qu'un
„ nouveau concierge, qui reçut l'ordre
„ de dire, si l'on venait s'informer du
„ duc, qu'il était mort des suites de sa
„ blessure. En arrivant à Londres, on
„ crut faire beaucoup pour moi, en me
„ donnant cinq cents livres sterlings. Je
„ les rejetai avec mépris au lord Au-
„ gustin, qui me disait que la moitié
„ de cette somme était un présent du
„ duc d'Argyle, et que l'autre venait de
„ lui. Je dis avec un sourire amer, qu'il
„ était bien généreux, en effet, de don-
„ ner deux cents cinquante livres à celui

,, qui nous fait avoir trente mille pièces
,, de revenu. Quant à vous, milord,
,, je sais depuis long-temps le cas qu'on
,, doit faire de vos promesses. — Vous
,, êtes un sot et un insolent, me dit-il,
,, en faisant un geste menaçant. — Votre
,, prudence ordinaire vous abandonne,
,, prenez garde, milord, à ce que vous
,, allez faire. Il n'est pas de distance entre
,, gens qui se connaissent comme nous
,, nous connaissons; si vous avez mon se-
,, cret, j'ai le vôtre, et nous ne gagne-
,, rions, ni l'un ni l'autre, à mettre le
,, public dans notre confidence. — Tu as
,, raison, Humphrey, mais n'oublie pas
,, toi-même que je puis dans la colère
,, braver tous les dangers, et te distri-
,, buer cent coups de bâton. — Si cela ar-
,, rive, on pourra dire, celui qui donne
,, est un fou, et celui qui reçoit un im-
,, bécille. Il fallait une récompense à mis-
,, tress O-Kiel pour avoir trahi sa maî-
,, tresse, le duc Armsbury la prit à son
,, service à ma recommandation. Cette
,, femme et moi devînmes le fléau des au-
,, tres domestiques. Mon pouvoir sur le
,, vieux duc était si fort, que les volontés de
,, lord Augustin ne s'effectuaient qu'au-

„ tant que mistress O-Kiel et moi y
„ avions donné notre consentement.

» Après avoir perdu l'espoir, non-seule-
» ment de posséder lady Caroline, mais
» même de la retrouver, lord Augustin
» se décida à demander la main de lady
» Louisa d'Argyle, sœur de lady Ca-
» roline. L'intérêt fut l'unique but qu'il
» se proposait dans son union avec une
» femme qui n'avait ni beauté, ni grâce,
» ni jeunesse. Lady Louisa avait quinze
» ans plus que sa sœur; la mort du fils de
» milord-duc d'Argyle rendait sa fille aî-
» née un parti très-riche. Milady Arms-
» bury n'eut point à se féliciter des nœuds
» qu'elle avait formés, mon jeune maître
» la rendit si malheureuse que le cha-
» grin la fit descendre au tombeau peu
» de mois après son hymen. Le souvenir
» de sa belle-sœur occupait toujours le
» cœur d'Augustin. Je suis encore à
» concevoir comment un cœur aussi
» profondément scélérat, pouvait être
» susceptible d'un sentiment tendre. Ja-
» mais je ne connus l'amour, et quand
» je pensai aimer une femme, il me fal-
» lait si peu de chose pour m'en éloi-
» gner, que jugeant les autres d'après

» moi, je ne croyais point qu'on puisse se
» laisser subjuguer par la beauté.

 » Avant que l'année expirât, lady
» Louisa Armsbury cessa de vivre. Au-
» gustin regretta beaucoup la dot qu'il
» fallut rendre, mais pas du tout la
» femme. Le duc d'Argyle se remaria,
» et je pense qu'il a eu de sa seconde
» femme plusieurs enfans. Il entrera fort
» peu dans ce qu'il me reste à dire, la
» dureté de sa conduite envers sa fille
» cadette, éloigna de lui tous ses gens,
» même ceux restés à Londres, et qui en
» furent informés par leurs camarades,
» que sa grace avait congédiés à West-
» wood-Hall.

CHAPITRE XLIX.

» IL y avait près de trois ans que M.
» Herbert était en fuite avec l'épouse
» qu'il avait reçue des mains de la douai-
» rière d'Argyle, quand il prit fantaisie
» à milord-duc Armsbury de faire une
» tournée dans ses biens. Son fils voulut
» l'accompagner; un domestique de sa
» grace et moi furent seuls du voyage.
» Au retour nous passâmes à Bottom-
» hill, qui menaçait d'une prochaine
» destruction. Je n'avais jamais su les
» raisons qui engagèrent lord Augustin
» et son père à faire des recherches dans
» les caves du château, ce mystère me
» fut ensuite dévoilé, comme je le dirai
» plus loin. Tandis que mes maîtres fai-
» saient des excursions dans les voûtes
» souterraines, j'en faisais pour passer le
» temps dans les environs, du côté opposé
» où précédemment je dirigeais mes pro-
» menades; c'est-à-dire, qu'au lieu de
» prendre le chemin de Penrith, je pris
» celui de Who***. Ce bourg, peu éloi-

» gné de Bottomhill, m'offrit des sujets de
» distraction suivant mon goût. Une pay-
» sanne, assez jolie, fixa mes regards;
» elle venait souvent apporter des légu-
» mes et d'autres denrées. Un jour je
» la suivis et comptais l'accoster sur
» la route, un léger accident me la fit
» perdre de vue : en voulant couper une
» branche de sureau je me fis une en-
» taille à la main. Fâché de n'avoir pu
» effectuer mon projet, je voulus tenter
» si je ne pourrais pas seul trouver la
» demeure de cette jolie fille. Elle avait
» pris le chemin des montagnes, je m'y
» engageai. Le sentier que je suivis me
» mena fort loin, sans rencontrer de
» maison. J'en trouve à la fin une d'une
» apparence extrêmement modeste, in-
» certain si c'est là l'habitation de la
» paysanne, je prends le parti d'attendre
» à une légère distance qu'elle paraisse.
» Heureusement je m'étais placé derrière
» un gros arbre, une petite porte du jardin
» s'ouvre, je regarde et vois... l'objet que
» je m'attendais le moins à rencontrer en
» ce lieu, lady Caroline, tenant dans ses
» bras un très-petit enfant. Mon premier
» mouvement fut de me jeter à plat

ventre

» ventre sur la terre ; la jolie maman fut
» s'asseoir à une légère distance de l'en-
» droit où j'étais. Son enfant pleura, elle
» l'appela Maria, la caressa en la ber-
» çant sur ses genoux. Au bout d'un
» instant plusieurs personnes vinrent la
» joindre, je reconnus M. Herbert. Il
» était accompagné d'un vieillard, un
» peu plus loin je vis un homme et une
» femme âgés qui prenaient l'air devant
» la maison : il commençait à faire som-
» bre, et je cessai de craindre d'être dé-
» couvert. M. Armsbury serra sur son
» cœur sa femme et sa fille ; quand ils
» rentrèrent je regagnai Bottomhill.

   » Il est impossible de donner une idée
» de la colère où se livra lord Augustin
» en apprenant que ceux qu'il haïssait
» étaient parfaitement heureux. Milord-
» duc jura qu'il enleverait le fruit d'une
» union qu'il abhorrait. Augustin avait
» un projet plus étendu, mais une hor-
» rible catastrophe en empêcha l'exécu-
» tion, et remplit même au-delà de ses
» désirs (*). . . . .

____

(*) Humphrey relate ici des détails connus ;
voyez l'article XIV, à l'histoire de mistress

» Depuis la mort de son père, le nou-
» veau duc Armsbury voulut presque
» toujours voyager. Il avait du bien dans
» le Cumberland, il se rendit à Car-
» lisle. Le hasard présenta à sa vue une
» jeune fille qui ressemblait à lady Ca-
» roline et à Herbert, il se mit dans la
» tête que c'était la fille de son frère,
» quoique ses alentours n'eussent aucun
» rapport avec sa famille. Elle lui parut
» charmante. Il faut, me dit-il, Hum-
» phrey, que je sois son amant ou son
» persécuteur. Je puis en sa faveur ou-
» blier les torts de ses parens, mais si
» elle a hérité de la haine qu'ils me por-
» taient, je la voue à ma vengeance.
» Nous apprîmes effectivement que miss
» Maria Evelin devait le jour à mistress
» Armsbury, qui, eux-mêmes, avaient
» cessé de vivre depuis long-temps (*)...
» Aucune tentative n'ayant réussi rela-
» tivement au projet d'enlever Maria,
» après avoir obtenu la condamnation
» et la flétrissure de son frère, milord-

Merciful, et l'article XXVIII, à l'histoire de
Peters.

(*) Nouveaux détails connus, *voyez* le cha-
pitre XVI.

» duc, pour se soustraire à la honte pu-
» blique, dont il était couvert dès qu'il
» paraissait quelque part, et même à
» une poursuite criminelle, comme ra-
» visseur de mistress Merciful, nous quit-
» tâmes Carlisle ; mais ne perdant pas
» l'espoir de ressaisir sa proie, Augustin
» me chargea de tâcher de trouver quel-
» ques moyens qui la mettent enfin en
» son pouvoir.

» Toutes mes démarches ayant été
» infructueuses, je m'en revenais tris-
» tement à Londres en chaise de poste. A
» dix milles de la capitale, c'était au mi-
» lieu de la nuit, nous rencontrâmes sur la
» route une voiture qui avait été arrêtée
» par des voleurs. Au moment où mon
» postillon dérangeait ses chevaux pour
» prendre le bas côté, et passer notre
» chemin, une balle l'atteignit et il tomba
» roide mort. Les chevaux s'arrêtèrent ;
» je ne pouvais rien voir car il faisait
» noir ; mais j'entendis des voix de fem-
» mes qui poussaient de douloureux gé-
» missemens. — *Your purse, your*
» *purse* (*), disaient les brigands.—J'at-

____

(*) Votre bourse, votre bourse.

11 *

» teste le Créateur, disait une femme,
» que je ne possède pas un *farthing* (*);
» mon père vous a donné tout ce qu'il
» avait sur lui. — *Iron Heart*, (**)
» proféra d'une voix de tonnerre, va
» voir ce qui est dans l'autre chaise,
» je pense que ce n'est pas une voi-
» ture de renvoi, et puisque tu as eu
» la maladresse de tuer son conducteur,
» il faut s'en consoler en augmentant la
» recette.—Ces gens, pensai-je, ne sont
» pas des voleurs ordinaires de grand
» chemin. Ces derniers n'ont guères
» l'habitude d'ôter la vie, à moins qu'on
» ne se défende avec opiniâtreté, certai-
» nement je serai aussi sacrifié. Cette
» réflexion me porta à tâcher de me
» soustraire par la fuite à leur barbarie.
» J'ouvre la portière, et je saute à terre.
» — Un moment, camarade, me dit
» un des hommes en me saisissant au
» collet, parlez franchement, avez-vous
» de l'argent? — Très-peu. — Les per-
» sonnes qui sont avec vous en ont-
» elles? — Je suis seul. — Mon ami,

____

(*) Liard.
(**) Cœur de fer.

» voilà dix guinées et des bijoux, rece-
» vez ces présens de la main d'un ami.
» Tandis que cet homme me parlait et
» qu'il me tenait avec un vigoureux poi-
» gnet, j'entendis beaucoup de mouve-
» ment autour de moi, il me semblait
» même qu'on dételait les chevaux. Les
» gémissemens avaient cessé.— Vous al-
» liez à Londres, me dit celui qui con-
» tinuait à me retenir ? — Oui.—Etiez-
» vous pressé d'arriver ? — Beaucoup.
» — En ce cas, je vous prie d'excuser
» si l'on vous a fait perdre un peu de
» temps.—Avez-vous donc bientôt fini,
» vous autres, dit-il, avec un ton de
» bonhomie, ce pauvre diable n'est pas
» à la *noce ?* — Vos vœux sont remplis,
» camarade. A peine ce mot fut pronon-
» cé que je me sens libre, mais lorsqu'une
» main me lâche, l'autre me pousse rude-
» ment et m'envoie tomber sur la terre à
» dix pas de là. La chute fut affreuse,
» j'étais brisé. Avant que je ne pusse me
» relever, j'entendis une voiture rouler
» sur la route. Le coup m'avait telle-
» ment étourdi que je ne démêlai pas
» d'abord si c'était un carrosse étranger
» dont le bruit frappait mon oreille. Le

» silence qui succéda me fit présumer
» que les voleurs s'étaient éloignés. Ma
» situation me parut très-embarrassante,
» n'ayant plus de postillon, il me fallait
» conduire moi-même la chaise. Je n'é-
» tais occupé que du désagrément que
» cela me causerait ; l'idée du danger
» horrible que je courais ne me frap-
» pait pas encore. Cependant je me re-
» lève et me traîne vers ma chaise, un
» objet se rencontre à mes pieds et me
» fait trébucher, je retombe et mes mains
» touchent un corps privé de la vie : les
» scélérats se sont sauvés et me laissent
» avec la responsabilité d'un assassinat.
» Cette pensée me fit tressaillir, je me
» relève, nouveau sujet de désespoir, ils
» ont emmené ma chaise, et laissé celle de
» leur victime. A moitié mort de frayeur,
» je m'éloigne de ce spectacle épouvan-
» table, le crépuscule paraissait ; je souf-
» frais trop pour pouvoir marcher vite :
» il faisait jour quand je vis arriver des
» gens de justice. Je n'étais nullement
» coupable, et cependant il me prit un
» violent tremblement. — Voilà, sans
» doute, un des assassins, dit-on, en
» me mettant la main sur le collet ; le

» misérable est encore couvert de sang.
» Je baisse les yeux sur moi et fais un
» cri d'horreur, tous mes vêtemens en
» étaient imbibés. Je voulus expliquer
» ce qui m'était arrivé, on ne m'écouta
» pas, on me lia les mains et l'on me
» força à retourner sur les lieux de la
» scène. Il s'y trouvait une chaise sans
» chevaux, deux hommes sans vie, et
» baignant dans leur sang, étaient gi-
» sans sur la terre, c'était en tombant
» sur un des corps que j'avais ensan-
» glanté mes vêtemens. On me jeta avec
» les cadavres dans la voiture, où l'on
» me garda à vue. Tandis que l'on fut
» chercher des chevaux, j'essaie en-
» core de me justifier, on ne m'écoute
» pas, je dis que je suis valet-de-cham-
» bre du duc Armsbury. — Tu serais
» celui du roi que tu n'échapperais pas à
» la juste punition qui t'attend. Dans le
» fait, toutes les apparences étaient contre
» moi, les voleurs avaient pris ma chaise
» et c'étaient eux-mêmes qui avaient dé-
» noncé le crime commis sur le grand
» chemin. Ils ne s'étaient point arrêtés.
» Ne doutant pas que je ne fusse resté
» sur la place, je devais naturellement

» supporter toute l'iniquité de l'aven-
» ture. On me trouva muni d'une mon-
» tre, sur le fond de laquelle était gravé
» le même chiffre d'un cachet trouvé
» dans le gousset d'un des morts. Cette
» montre faisait partie des bijoux que
» les brigands m'avaient donnés. L'espé-
» rance d'être réclamé par le duc mon
» maître soutint mon courage dans les
» premiers temps. Après avoir inutile-
» ment adressé plusieurs lettres à Albe-
» marle-Street à l'hôtel Armsbury, il
» vint un ordre au concierge de Newgate
» où j'étais emprisonné, de ne me laisser
» parler à personne. Insensé que j'étais,
» de croire qu'un scélérat ne repousse-
» rait pas son complice quand il sait qu'il
» ne peut être compromis. Abandonné
» de celui-là même qui m'avait en quel-
» que sorte conduit et porté au chemin
» du vice, je sentis que je n'avais de se-
» cours à attendre que de moi-même.
» Aidé d'un prisonnier, je parvins à m'é-
» chapper, et, pour n'avoir pas de témoin
» qui pût un jour me dénoncer, je me
» défis de mon camarade, et fus assez
» heureux pour n'être pas rattrapé. Le
» hasard me jeta au milieu d'une bande

» de voleurs, de ceux-là même qui m'a-
» vaient chargé de leur crime. Je n'hé-
» sitai pas à accepter l'offre qu'ils me
» firent de m'associer à eux. Dans l'espace
» de douze à quatorze ans, je restai atta-
» ché à une cinquantaine d'hommes
» cruels et barbares. Leur exemple, avec
» les dispositions que j'avais, firent de
» moi un animal féroce, que l'argent seul
» pouvait apprivoiser.

    » La vente de plusieurs effets pré-
» cieux nous avaient appelé, notre chef
» et moi, au port de *** ; en entrant
» dans une boutique je fus heurté par
» un homme qui passait sur le trottoir,
» nous nous écriames ensemble *oh !* au-
» cun autre mot ne fut articulé, c'était
» le duc Armsbury. — Suis-moi, me
» dit-il tout bas. Arrivé à son appar-
» tement, voici les aimables paroles qu'il
» m'adressa. — Tu es un misérable,
» échappé à la justice, il ne tient qu'à
» moi de te perdre, mais je n'en ferai
» rien si tu veux exécuter ponctuelle-
» ment ce que je vais te prescrire. Je le
» lui promis. — Je viens de voir s'em-
» barquer la petite-fille de lady Caro-
» line, la fille de Maria Merciful : elle

» va avec son époux, milord Parker,
» à la Nouvelle-Angleterre, le jeune
» homme avec qui j'ai causé m'a dit
» qu'elle est grosse. Cet enfant est un
» descendant de cet abhorré Herbert,
» il faut m'en débarrasser. Embarque-
» toi, suis leurs traces, et sacrifie-là à
» ma vengeance ; à ce prix je garde le
» silence, et te comble de bienfaits,
» décide-toi, il me faut une réponse à
» l'instant même, dis oui ou non ? —
» Vous voulez que ce soit *oui*, ce sera
» *oui*. Les gens de mauvaise foi soup-
» çonnent toujours celle des autres. Le
» duc ne me quitta pas que je ne fusse
» embarqué. Il ne me fut pas possible
» de voir mes camarades, ni de leur
» dire adieu.

» Notre voyage fut tellement con-
» trarié que je n'arrivai que trois mois
» après les personnes vers lesquelles
» j'étais dirigé. Il s'en écoula encore
» plusieurs avant que je fusse instruit
» du lieu qu'elles habitaient. Une cir-
» constance fort particulière, et qui
» prouve l'excès du malheur de nos
» victimes, c'est de ne m'avoir fait con-
» naître la demeure de milord et milady

» Parker que le jour même qui mit fin
» à l'existence d'Edmond, et annonça
» à Caroline qu'elle tarderait peu à l'al-
» ler rejoindre.

» Arrivé de la veille à Williamsburg,
» j'avais passé la soirée avec le pilote du
» bâtiment qui m'avait amené, nous
» nous séparames à minuit et demi.
» En passant dans une rue je vis deux
» hommes sortir précipitamment d'une
» maison. — Peut-être, dit un de ces
» hommes, n'est-il que blessé ? — Je te
» répète qu'il est mort, mon poignard
» lui a percé le cœur. — Et milady ? —
» Je l'ai laissée sans connaissance. Pau-
» vre Caroline ! mon amour fut pour
» elle une grande calamité. — Je ne le
» pense pas. Si elle perd un mari elle
» trouve un amant ; les regrets n'auront
» pas le temps de naître. Je suppose que
» monsieur ne l'abandonnera pas. —
» Mon cœur, ma main, ma fortune,
» seront à son entière disposition. Ne
» doutant pas que les personnes qu'on
» venait de citer ne fussent celles que
» je cherchais, je me mis en embuscade
» à côté de la porte, à peine j'y étais
» que j'en vis sortir une fille qui s'éloi-

» gna en courant. Peu d'instans après
» j'aperçus un homme tenant dans ses
» bras une femme qui paraissait morte
» ou évanouie, c'est sûrement Caroline,
» pensai-je, et je suivis de loin l'homme
» qui l'emportait. Il entra dans une mai-
» son de chétive apparence. Au bout
» d'une demi-heure le même person-
» nage retourna où le meurtre s'était
» commis, il en rapporta un enfant et
» une cassette. Il se trouvait, précisé-
» ment en face, une chambre à louer,
» je m'en accommodai, et y fis apporter
» mes effets. Durant plusieurs jours je
» vis aller et venir le même homme,
» et une fille assez jeune, et qui parais-
» sait fort honnête. Ces deux visages
» étaient toujours tristes. Enfin je vis
» apporter un cercueil et emmener un
» corps mort, qu'on dit dans le quar-
» tier être celui d'une femme. Vaine-
» ment je tâchai de savoir son nom,
» personne ne put me l'apprendre. Com-
» me je suivais toutes les démarches
» des habitans de la petite maison, je
» vis l'homme aller plusieurs fois dans
» une maison où l'on vendait des voi-
» tures. J'étais à portée de l'entendre

» quand il fit l'emplète d'une. Il ap-
» porta plusieurs paquets et une cas-
» sette que je reconnus pour celle qui
» avait accompagné l'enfant, il plaça le
» tout dans la chaise qu'il avait achetée.
» Me doutant qu'il s'agissait d'un dé-
» part je me tins tout prêt à quitter
» la ville. Effectivement deux jours
» après ayant vu plus de mouvement
» dans la petite maison, je fis tout pré-
» parer pour ne pas perdre de vue l'en-
» fant et ses gardiens. La femme alla
» avec le petit dans ses bras, jusqu'à la
» demeure du sellier. L'homme lui aida
» à monter dans une voiture, et s'y
» plaça avec elle. Ma chaise était prête,
» je partis dix minutes après. Notre
» course se termina au port de ***. Un
» vaisseau de la Compagnie des Indes
» devait partir le lendemain. Après m'ê-
» tre assuré que les deux personnes y
» avaient payé leur passage, j'y arrêtai
» le mien. Le vent étant favorable nous
» mîmes en mer le jour suivant comme
» on l'avait annoncé.

» Il me fut aisé de lier connaissance
» avec l'américaine qui se disait nour-
» rice de l'enfant qu'elle appelait Her-

» bert. Mais je trouvai plus de diffi-
» culté à me lier avec son compagnon.
» Cet homme semblait deviner la per-
» fidie de mes intentions. Toujours il
» s'éloignait de moi, et quand cela ne
» se pouvait pas il me tournait le dos
» au lieu de me répondre. Cette affec-
» tation me révolta, mais ce qui me dé-
» cida à commettre l'action la plus atroce,
» fut la défense que j'entendis faire par
» le passager à la nourrice d'entretenir
» aucune conversation avec moi. Le
» soir même je le poussai à la mer sans
» que personne me vît. On ne sut ce
» qu'était devenu ce pauvre homme :
» tout le monde le regreta. La femme
» qui avait soin de l'enfant jeta les hauts
» cris, je la plaignis, la consolai, et
» par mes prévenances gagnai tellement
» sa confiance, qu'elle me raconta l'his-
» toire tragique, et la mort de milady
» Parker. Cette jeune infortunée, après
» avoir vu porter le coup mortel à son
» bien aimé Edmond, avait perdu con-
» naissance, et durant les huit jours
» qui s'étaient écoulés depuis cette hor-
» rible catastrophe jusqu'au moment de
» sa mort, elle n'avait fait que lan-

» guir. L'homme que j'avais renvoyé
» de mon chemin était un fidèle servi-
» teur de milord Parker, il devait épou-
» ser la nourrice en arrivant en An-
» gleterre. Je sus aussi de cette femme
» que le fils d'Edmond et de Caroline
» avait à son cou une boîte qui conte-
» nait des bijoux de prix. Elle devait,
» dès qu'elle serait à Londres, aller
» porter un gros paquet de lettres et
» l'enfant à son aïeul le duc Maccles-
» field. — Milady Parker, me dit cette
» femme, n'a pas cessé d'écrire les trois
» derniers jours qu'elle a vécu. Ce n'est
» point elle mais Willson qui m'a con-
» fié que le petit garçon est le petit-fils
» d'un puissant et riche seigneur. Je
» proposai à cette femme de prendre
» près d'elle la place de Willson. Elle
» me regarda. Plusieurs aventures que
» j'ai cru inutiles de relater m'avaient
» rendu fort laid, et j'avais alors plus
» de cinquante ans. — Je ne suis ni beau
» ni jeune, lui dis-je, mais je vous ai-
» merai beaucoup, et serai pour vous
» un bon et complaisant mari. — Nous
» verrons cela fut la seule réponse que

» je pus en obtenir pour le moment.
» Cette fille, sans être une beauté, était
» ce qu'on appelle agréable, elle me
» plaisait assez par son personnel, mais
» je l'adorais pour ce qui était en sa
» possession, et dont j'espérais tirer le
» plus grand parti à notre arrivée en
» Angleterre. J'aurais dans mes mains
» les moyens de me venger de l'abandon
» où m'avait laissé l'ingrat Augustin,
» en supposant que le duc Maccles-
» field accueillît favorablement son petit-
» fils, dans le cas contraire, il me res-
» terait la ressource de sacrifier l'enfant
» en le remettant à son grand-oncle. Je
» pris le nom de Nick-Ofield pour n'ê-
» tre pas reconnu.

» Par un hasard très-extraordinaire
» il se trouva sur notre vaisseau l'oncle
» paternel de l'orphelin. La nourrice,
» quand elle entendit prononcer le nom
» de Parker, voulait informer les pas-
» sagers que son nourrisson était fils
» d'un lord qu'on appelait milord Par-
» ker, je m'y opposais en lui faisant
» sentir que ce serait désobéir à la mère
» de l'enfant qui lui avait recommandé

de

» de ne faire connaître sa famille à per-
» sonne, avant de l'avoir présenté au
» duc Macclesfield.

,, A la vue du port nous fûmes ac-
,, cueillis par la plus horrible tempête.
,, J'avais peu d'espoir de me sauver,
,, néanmoins je conseillai à la nourrice.
,, de glisser l'orphelin dans le berceau
,, du fils de M. et mistress Parker, et
,, d'en ôter son cousin. Je savais que ce
,, berceau était fait de manière à sur-
,, nager. Mon espoir ne fut pas trompé;
,, plusieurs naufragés furent sauvés; la
,, pauvre américaine trouva la mort
,, dans les flots. Quoique j'eusse obtenu
,, la confiance de cette femme, elle ne
,, voulut jamais me remettre le paquet
,, de papiers qu'elle devait porter au
,, grand-père du petit Herbert, ni au-
,, cun des bijoux, seul héritage de l'en-
,, fant. Je sentis bien qu'il faudrait user
,, de force pour m'en emparer, mais
,, ce moyen violent ne pouvait être mis
,, en usage sur le vaisseau. Jusqu'au
,, moment du débarquement je pris pa-
,. tience. Ce naufrage n'était point du
,, tout entré dans mon calcul.

,, Nous dûmes la vie au rare dévoue-

„ ment du pêcheur Jack Mettlesome.
„ J'oubliai bien vite la reconnaissance
„ que je lui devais, et conçus pour lui
„ la plus forte haine. Pouvais-je lui par-
„ donner de m'avoir, par son huma-
„ nité, privé de toutes mes espérances
„ de fortune. J'étais sûr de trouver le pré-
„ cieux berceau sur la côte environnante.
„ Peu de nageurs pouvaient lutter contre
„ moi. Le diable de Jack apporta en
„ triomphe cette trouvaille inappréciable
„ pour moi ; du moins pensai-je, je tâ-
„ cherai de m'emparer de la boîte que
„ le petit Herbert porte à son cou. Le
„ temps des succès était passé pour moi.
„ Cette dernière ressource me fut encore
„ ôtée. Ni mon audace, ni le peu que je
„ savais sur le contenu de la petite boîte,
„ ne purent me tirer d'affaire, mistress
„ Merciful que je reconnus parfaitement
„ pour être la fille d'Herbert Armsbu-
„ ry, et la grand-mère du pauvre or-
„ phelin „. — Ma mère, ma tendre mère !
s'écria Richard II en interrompant le
greffier, et se précipitant aux pieds de
mistress Irwine ; mon cœur ne s'était
pas trompé en ayant pour vous la
tendresse d'un fils. — Enfant de ma

bien aimée Caroline, dit Maria, tiens-
moi lieu de celle que je n'ai jamais
cessé de regreter. Des larmes de tendresse se joignirent à celles des regrets.
Depuis qu'elle avait reconnu sa fille
dans la relation écrite sous la dictée
d'Humphrey, cette sensible mère rete-
nait avec beaucoup d'efforts les pleurs
dont ses yeux étaient baignés. Elle n'o-
sait les lever sur le jeune homme
qu'elle brûlait de presser dans ses bras,
pour ne pas se donner en spectacle, et
initier le public dans ses secrets de famille. Richard II, moins maître de ses
mouvemens, ne put résister à celui que
lui suggéra sa tendresse, et cet élan
d'amour filial brisa la digue qui rete-
nait les démonstrations de la tendresse
de Maria. Enlacés dans les bras l'un
de l'autre, ils semblaient avoir oublié
que deux ou trois cents personnes
étaient témoins de leur touchante reconnaissance. Les yeux desséchés du
scélérat Humphrey laissèrent échapper
quelques larmes qui brûlèrent ses joues
en les sillonnant. Un juge, observant
que le cahier était encore volumineux,
le greffier reprit sa lecture :

„ Mistress Irwine me chassa honteu-
„ sement de la solitude, je pris le che-
„ min de Londres. Avant de me pré-
„ senter à milord-duc Armsbury, je
„ lui écrivis pour lui rendre compte
„ de tout ce qui m'était arrivé. Je
„ m'attendais à une récompense. On
„ m'accabla de reproches, sa grace me
„ manda que j'étais un imposteur, que
„ cent personnes savaient que je n'avais
„ pas quitté l'Angleterre, qu'ainsi on ne
„ pouvait être dupe de ma fourberie.
„ Outré de l'ingratitude d'un homme
„ qui avait eu la plus grande part dans
„ le mal affreux que j'avais fait, je jurai
„ de n'avoir désormais plus rien à dé-
„ mêler avec lui. Mon seul désir était
„ de retrouver les voleurs, mes cama-
„ rades, que j'avais vilainement quittés.
„ Il n'en restait pas un simple vestige.
„ Plusieurs mois s'écoulèrent en vaines
„ recherches.

» Un jour, en faisant l'inspection des
» papiers concernant l'orphelin, je trou-
» vai, dans le fond de mon porte-man-
» teau, une seconde liasse, je me rap-
» pelais que je l'avais dérobée à un pas-
» sager qu'on disait fort riche; j'espé-

» pérais trouver quelques billets de va-
» leur, mais ce n'était que des titres de
» famille. Privé de toutes mes ressources,
» je crus en avoir trouvé une en dispu-
» tant à M. Irwine une partie de la suc-
» cession de son père, dont je me sup-
» posai le frère. Mes prétentions étaient
» absurdes. Je fus débouté de toute de-
» mande, et condamné à deux années de
» prison.

» L'orgueil s'abaisse devant la pau-
» vreté. J'écrivis au duc. Ma lettre ne
» fut pas décachetée. J'en renvoyai une
» toute ouverte. Quinze jours après, de
» nouvelles accusations plus graves pa-
» rurent sur mon compte. Je fus con-
» damné à la déportation. Une tem-
» pête nous égara et nous sépara du
» vaisseau qui nous protégeait. Nous
» fûmes pris par un corsaire barbaresque :
» c'était une pauvre capture. Nous étions
» presque tous malades, néanmoins, on
» nous mit à la manœuvre, et nous ob-
» tînmes l'approbation du patron.

» Quelques jours avant, il s'était em-
» paré d'un vaisseau qui amenait en Eu-
» rope un prince de Laos, frère du vice-
» roi de ce royaume. Cet étranger avait

» avec lui des richesses considérables.
» Il fut traité avec beaucoup d'égards,
» attendu qu'il devait être payé, pour
» le ravoir, une énorme rançon.

» Nous étions quarante déportés, vingt
» faisaient le service de matelots, j'étais
» du nombre. Un des nôtres nous pro-
» posa de nous révolter, et de s'empa-
» rer du bâtiment et des richesses du
» prince Tungchanum. La chose était
» difficile, mais pas impossible. Ce que
» je redoutais le plus, c'était de ren-
» contrer parmi nous un faux frère.
» Nous promîmes de faire un partage
» égal, même avec ceux que nous de-
» vions tirer du fond de cale pour nous
» seconder. Tout réussit au gré de
» nos désirs. Le capitaine et la moitié
» de son équipage furent expédiés du-
» rant la nuit. Je portais toujours sur
» moi, habitude que j'ai conservée,
» de l'opium. J'en mêlai dans notre bois-
» son, et cinquante barbares, moins
» féroces que nous, passèrent des bras
» du sommeil dans ceux de la mort.
» Je m'étais particulièrement lié avec
» un déporté, jeune homme doué en
» apparence de beaucoup de qualités,

» fils d'un ministre de l'église anglicane.
» Il avait reçu une bonne éducation ;
» mais, esclave de ses passions, pour
» les satisfaire, il commit d'abord des
» bassesses, puis des atrocités. Une
» grande similitude de principes nous
» attacha l'un à l'autre. Dans notre ex-
» pédition nocturne, il se comporta avec
» tant de cruauté, qu'il devint un objet
» d'effroi pour tous nos camarades. En
» raison de notre liaison, je devins aussi
» l'objet de l'inimitié générale. Pour se
» débarrasser de nous, on nous débar-
» qua, Fauldes et moi, dans une île
» déserte. Nous y demeurâmes un grand
» nombre d'années. Nos camarades n'a-
» vaient point été injustes ; car, avant
» de nous rejeter d'avec eux, ils firent
» le partage des richesses du prince, qui
» avait été jeté vivant à la mer, et de
» celles du capitaine corsaire, et nous
» donnèrent fidèlement notre part. Dans
» la mienne il se trouva beaucoup d'ef-
» fets précieux qu'on tire de la Chine, etc...
» Un coffre immense en était rempli ;
» cinq ou six autres contenaient des lin-
» gots d'or et d'argent et nos effets. Je
» passerai sous silence les quinze ou

» seize ans que nous passâmes dans un
» lieu où personne n'avait pénétré avant
» nous. Ce fut notre industrie qui nous
» en sortit. Je dirai seulement que, du-
» rant le temps que nous fûmes seques-
» trés de la société, je découvris une
» herbe qui, en s'en frottant, rendait la
» peau semblable à celle des mulâtres.
» Nous en fîmes une provision. Le vais-
» seau que nous rencontrâmes faisait
» route pour la France. Nous débar-
» quâmes à Rochefort. Fauldes était un
» peu malade. Un médecin lui or-
» donna l'air de Montpellier pendant
» trois mois. Nous nous y rendîmes.
» J'y fis la rencontre d'Augustin. Ce
» fut là où il comptait passer le temps
» de son exil. Deux êtres aussi pervers
» que lui et moi, et sur-tout qui se
» connaissent si bien, se raccommodent
» facilement. Sa grace, malgré sa hau-
» teur, parut oublier la distance, et nous
» devînmes amis. De mon côté, je ne
» pensais plus à ses torts avec moi, et
» je me dévouai de nouveau à ses inté-
» rêts. J'avais assez de fortune pour ne
» plus intriguer. Ce fut donc un sacri-
» fice que de consentir à me remettre en
scène

» scène sur le dangereux théâtre du
» vice. Un incident fort malheureux
» me rendit encore, en quelque sorte,
» dépendant du duc.

   » Fauldes et moi fûmes volés par un
» valet de louage que nous avions pris
» à notre service, il ne nous laissa que
» le grand coffre intact et tous nos ef-
» fets. L'or et l'argent avaient disparu.
» J'avais pris le porte-feuille du prince
» Tungchanum ; je proposai à milord-
» duc de me présenter en Angleterre
» sous le nom et le titre du Tangien. Il
» amenait avec lui un interprète nommé
» Siba, j'en donnai aussi le titre et le
» nom à Fauldes. Le duc me dit qu'il
» me fournirait les moyens de soutenir,
» pendant quelques mois, l'état du prince
» que je voulais représenter. Il me pro-
» mit, si je parvenais à déranger de son
» chemin mistress Irwine et le fils de
» milady Parker, que la lecture des pa-
» piers dérobés à la solitude lui appre-
» nait être le petit-fils de sa nièce Maria,
» une énorme récompense, ainsi qu'à l'in-
» terprète Siba. Nos conventions faites,
» nous partîmes pour l'Angleterre. Faul-
» des ne voulut pas user du jus d'herbe

» pour lui-même. Quant à moi je m’en
» couvris le visage et les mains. Le duc se
» tint caché dans les environs de Lon-
» dres, puis dans ceux de la solitude.
» Je n’ai rien à ajouter que la procé-
» dure n’ait déjà fait connaître. Les re-
» mords et non l’espoir de me sauver
» m’ont porté à confesser la vérité. Le
» rideau de l’éternité s’ouvre à mes yeux;
» puisse, mon repentir, avoir désarmé
» le juste courroux du ciel et me faire
» obtenir sa miséricorde! J’engage Faul-
» des, mon ami et mon complice, à
» m’imiter. Il n’est jamais trop tard
» pour se réconcilier avec la vertu. Mon
» départ précipité de la solitude m’a
» fait oublier les papiers confiés à la
» nourrice du lord Herbert Parker,
» connu sous le nom de Richard II:
» on les trouvera dans une petite malle
» déposée dans un large placard de la
» chambre que j’occupais. Je ne crois
» pas avoir rien oublié qui puisse être
» de quelqu’importance; mais, si je me
» suis trompé, je puis réparer mon er-
» reur avant le jugement de mon pro-
» cès et l’exécution de ma sentence».

A peine le greffier avait terminé la

lecture des aveux du criminel, que l'attention générale fut portée sur lui. — Grand Dieu ! s'écria-t-il, je te rends grâce d'avoir préservée une de mes victimes. Les yeux de Humphrey, en prononçant ces mots, étaient fixés sur un des spectateurs. M. Willson, continua-t-il, reconnaissez en moi le scélérat qui vous précipita dans la mer il y a dix-huit ans. Je me félicite que votre témoignage puisse remettre, à sa véritable place, un aimable et vertueux jeune homme, milord Herbert Parker. Voyez, en cet étranger, ajouta le prisonnier, le fidèle serviteur du couple le plus infortuné, milord et milady Parker vos parens. Oh ! Edmond ! Oh ! Caroline ! si ta sollicitude paternelle peut encore s'exercer sur de terrestres objets, regarde ton fils bien aimé, son mérite personnel lui a valu l'attachement de son grand-père, qui l'idolâtre sans savoir qu'il est issu de son sang.

Willson, car c'était lui en effet qu'Humphrey avait découvert dans la foule, s'approcha ; ses yeux humides attestaient que sa sensibilité existait dans toute sa plénitude ; il prit respectueuse-

13 *

ment la main du jeune homme ; celui-ci lui ouvrit les bras, et le pressa
sur son cœur. — Votre attachement,
lui dit-il, pour mes malheureux parens, vous donne des droits à mon
éternelle reconnaissance. La séance étant
levée, les prisonniers furent remmenés
dans l'intérieur. — Dites-moi tous que
vous me pardonnez, dit Humphrey,
avant de vouloir rentrer. Cette certitude me réconciliera avec l'idée du sui....
de la mort. — Nous vous pardonnons,
prononcèrent ensemble M. et mistress
Irwine, M. Parker, Richard II et Willson. Siba allait aussi être reconduit en
prison, on avait séparé les deux coupables.—Permettez, dit Fauldes à leurs
gardes, que j'embrasse mon ami : on
les laissa s'approcher. — Adieu, homme
aussi lâche que scélérat, dit Siba en
portant à son complice un coup de poignard qu'il tenait caché dans sa cein-
ture, va dire aux enfers qu'on se pré-
pare à me recevoir, je ne tarderai pas
à t'y suivre. Tel que soit le supplice
qu'on m'y fasse endurer, il me semblera
supportable si je puis jouir du spectacle des souffrances qui t'y attendent et

que tu as bien méritées. On se jeta sur
ce furieux, qu'on mit sur-le-champ au
cachot. A la première cession, on le
vit figurer sur l'échafaud, où il perdit
la vie sans montrer le plus léger repentir. Humphrey, qui avait conservé
son flacon d'opium, termina sa coupable vie le lendemain de ses aveux. La
blessure que lui avait fait Fauldes était
légère. On assura que, malgré les crimes
qu'il avait commis, il emporta les regrets des gens qui furent à portée de le
voir dans ses derniers momens.

CHAPITRE L.

Richard II, que je ne nommerai plus qu'Herbert ou milord Parker, brûlait d'impatience d'apprendre au comte Macclesfield, que le titre de fils, que sa tendresse avait bien voulu lui accorder, lui était dû par le droit de la nature. En quittant le tribunal, il s'était jeté au cou de son oncle en le priant de continuer, au fils de son frère, le tendre intérêt qu'il n'avait pas refusé au malheureux enfant trouvé. Thomas pressa le jeune homme sur son cœur. — Mon amitié, cher enfant, lui dit-il, fut le prix de tes vertus. La main de ma fille, que tu avais obtenue avant que ton sort changeât, te prouve que je n'avais besoin, pour te chérir, d'aucune autre considération que tes estimables qualités. L'oncle et le neveu demandèrent la permission de prendre les devants pour annoncer, à la solitude, le retour de ses propriétaires.

Le comte Macclesfield était dans le

salon avec mistress Lovely, les deux jeunes personnes et Richard Ier., quand Thomas entra, conduisant son neveu par la main. Sa grace fit un cri de joie, et se leva en apercevant son bien aimé; les deux arrivans se mirent à genoux devant le vieillard. — Mon père, dit Thomas, bénissez vos enfans. — Mon père, mon tendre père, dit Herbert en baisant la main de son aïeul, je suis effectivement votre fils. — Du moins tu m'es aussi cher que si je t'avais donné la naissance. — Il la tient de votre seigneurie, reprit M. Parker, Edmond, mon frère, était son père. Le comte tomba dans les bras de son petit-fils, qui, le voyant pâlir, s'était levé pour le soutenir. Soit l'effet de la surprise, soit celui de la joie, il éprouva une si forte révolution, qu'il lui fut impossible de rester debout. Herbert le posa doucement dans un fauteuil, se rejeta à ses pieds, et le regarda avec une sorte d'inquiétude. — Je crains, dit-il, d'un air timide, je crains..... — Que crains-tu, mon fils? serait-ce de me voir succomber à l'excès de ce bonheur inattendu. Mes enfans, mes chers enfans, tant de félicité me rend la vie bien précieuse: Oh! mon Dieu! conservez-la moi pour que je puisse leur faire oublier mes énormes torts. Richard ne put résister au désir d'embrasser son cousin, et de partager, avec son père et lui, la bénédiction du vieillard. Malgré la douleur qu'il ressentait à sa cheville, il se traîna près du groupe intéressant, et posant un genou en terre, il se plaça à côté d'Herbert. — Milord, dit-il, en jetant un bras autour de son cousin, permettez que je prenne ma part de votre bénédiction. — Attendez, s'écria Edwine, en s'élançant au cou de son père, et se mettant aussi aux pieds de son grand-père, attendez, et que tous vos enfans reçoivent en même temps la douce assurance qu'ils vous sont également chers. Le comte étendit les bras, et se pencha de l'air le plus attendri. — Si l'on peut mourir, dit-il, de l'excès du plaisir, ce moment doit être le dernier de mon existence. Fils de l'injurié et malheureux Edmond, Thomas, Richard et Edwine, je vous bénis et vous porte tous dans mon cœur. Diana craignant qu'en prolongeant cette scène attendris-

sante sa seigneurie n'en fût trop affec-
tée, voulut y faire diversion, et pour y
réussir, elle dit gaîment, en se mettant
aussi à genoux : — Milord comte dai-
gnera-t-il aussi bénir la protégée des pro-
tecteurs de milord Parker? Sa figure
était si jolie, si intéressante en cet instant, que le vieillard lui dit en souriant : — Soyez aussi ma fille , chère
Diana, ma fille d'adoption. Dites à vos
parens que je me charge de votre dot.
Miss Mettlesome rougit , et involontai-
rement ses yeux se portèrent sur Richard , qui la regardait d'un air ra-
dieux; peut-être eût-il osé profiter de
l'enthousiasme de son grand-père pour
demander son consentement à leur union,
si un bruit de voiture n'eût distrait l'attention. Les jeunes gens coururent au-
devant des arrivans. Mistress Irwine regretta de n'avoir pas été présente à la
reconnaissance, qui, ajouta-t-elle, en
regardant tous les yeux encore humides,
avait dû être extrêmement touchante.
— Vous n'auriez vu, chère dame, dit
sa seigneurie, que ce que vous verrez
souvent, un vieillard plus heureux cent
fois qu'il n'a mérité de l'être, et qui

veut passer le reste des jours qu'il plaira
à Dieu de lui accorder encore, à tâcher
de conserver l'amour de ses enfans et
de regagner l'estime des honnêtes gens.

Le bon et honnête Willson fut fêté
par les maîtres et les valets. Jenny le
reconnut parfaitement, ainsi que Peters
qui le pressa à plusieurs reprises dans
ses bras. Ces deux fidèles serviteurs
étaient bien dignes de s'aimer.

Le lendemain de ce beau jour, tous
les habitans de la solitude, et ceux de
Quicklyraised-Lodge, paraissaient parfaitement heureux, excepté cependant
Diana et Richard, vainement ils s'ef-
forçaient de vouloir cacher leur mutuelle tristesse ; mistress Irwine, et son
amie mistress Lovely, en connaissaient
la raison. Elles n'étaient pas les seules
qui eussent deviné le secret de ces
pauvres enfans : ce fut Jenny qui osa
en faire la révélation. A l'heure du déjeûner, au moment où tout le monde
était rassemblé, elle entra dans la salle
à manger. — Si vous le permettez, dit-
elle, je découvrirai un mystère qui pourra
causer autant de plaisir aux uns que
de surprise aux autres. Tous les regards

se portèrent sur elle d'une manière à encourager sa confidence. — Jack Mettlesome, reprit-elle, que nous estimons tous, comme un des plus honnêtes hommes du monde, n'est pas ce que nous croyons. Elle s'arrêta un moment, et parut un peu embarrassée pour terminer sa phrase. Cette légère suspension arrivait si mal à propos, qu'elle causa une sorte d'impatience dans son auditoire. — Achevez, ma chère Jenny, dit mistress Irwine, en vérité, vous nous mettez au supplice. Jenny sourit et continua. — M. Mettlesome est le frère d'un chevalier baronnet, son nom est Glimmer. — Glimmer ! dit le comte Macclesfield, c'était le nom de ma seconde femme.— Milady comtesse Macclesfield, reprit Jenny, était la nièce de Jack. Sir Walter Glimmer, père de miss Bridget, est son frère : comme cadet d'une famille peu riche, il n'eut qu'une très-mince légitime. Une naissance distinguée n'est qu'un surcroît de gêne pour l'homme indigent. M. Glimmer épousa la fille d'un épicier, jeune, agréable, et qui avait une jolie dot. Son frère ne voulut pas le voir, prétendant qu'il avait déshonoré son nom. Mais bientôt ce nom fut bien plus réellement des- honoré, quand celui qui paraissait si fier de le porter, se conduisit si mal, fit de si vilaines actions, que l'honnête Jack rougit à son tour, et avec bien plus de raison, d'être le frère de sir Walter Glimmer. Dans ce même temps, son beau-père éprouva plusieurs ban- queroutes, et fut obligé de manquer. C'était un honnête homme, il se livra à la douleur, et mourut de chagrin; son gendre abandonna tout le bien aux créanciers, et s'éloigna, avec sa jeune épouse, d'une ville où il avait éprouvé tant de malheurs. Il prit le nom de sa femme, Mettlesome, et vint s'établir sur les bords de la mer, il avait tou- jours aimé la pêche, il prit l'état de pêcheur avec d'autant plus de plaisir qu'il pourrait quelquefois être utile à ses semblables. — Je me ferai un de- voir, dit le comte, de reconnaître pour mon parent l'oncle de ma pauvre Brid- get. — Je n'ai pas encore tout dit, reprit Jenny, je n'avais parlé que d'un mystère, et pourtant il y en a deux. L'amour, qui ne connaît pas les distances..... — Qu'avez-vous, Diana? dit M. Irwine, dont les yeux s'étaient, par hasard, portés sur la fille de Jack. La jeune personne, en effet, était pâle et chancelante; Richard vola pour la soutenir. — Le mystère est éclairci, dit Thomas Parker, mon fils adore Diana, et..... — Et miss Glimmer aime Richard, dit mistress Lovely. — Si tu y consens, mon cher Thomas, dit sa seigneurie avec gaîté, les deux mariages se feront ensemble? J'ai déjà dit que j'adoptais cette aimable enfant; aujourd'hui, le devoir se joint au plaisir pour me faire remplir ma promesse; ma chère Jenny, voulez-vous bien prier monsieur et mistress Glimmer de venir embrasser leur parent. Jack se présenta avec l'air de bonhomie qui ne le quittait jamais. Jenny l'avait prévenu de son indiscrétion; cette bonne fille était convenue avec Molly de mettre fin aux tourmens de Richard et de Diana, en faisant connaître l'origine de cette dernière. Le comte serra la main avec affection de l'oncle de défunte la comtesse Macclesfield, et embrassa tendrement mistress Glimmer. A compter de ce moment, ils prirent place dans les

appartemens; ce changement d'état ne
dérangea rien de la manière d'être de
Jack. Molly eut un peu de peine à
quitter l'antichambre, où elle avait tant
d'amis. Néanmoins, elle eut le bon esprit de conserver l'attachement de ses
inférieurs et l'estime de ses égaux.

Ainsi que le comte l'avait désiré, les
deux mariages eurent lieu le même
jour. Il s'en fit un troisième quelque
temps après. J'avouerai que la mariée
parut un peu honteuse. L'amour qui
conduisait les deux premières noces,
n'eut rien à démêler avec celle-ci, ce
fut l'amitié seule qui en fit les honneurs.
— C'était donc de vieux époux, dira le
lecteur? Je répondrai, en nommant
Willson et Jenny ; le premier avait
cinquante ans, et sa femme cinquante-
six. A propos de Willson, je suis un
peu curieuse de savoir comment il avait
fait pour reparaître au jugement de son
assassin, Humphrey, quand tout le
monde l'a, pour ainsi dire, vu jeter à la
mer, et trouver la mort dans les flots.
Il vient de me raconter longuement, les
voyageurs sont prolixes, l'espèce de
miracle qui lui avait sauvé la vie. Je ne
donnerai qu'un extrait de sa narration,

car je suis pressée de finir les cinq volumes
que je me suis proposée de livrer à l'impression.

Pour pouvoir convaincre les personnes qui croient difficilement aux
choses un peu extraordinaires, je dois
avertir le lecteur que Willson était fils
d'un matelot, qu'il avait été mousse,
et nageait absolument comme le prince
de Galles. Il revenait en Angleterre
avec l'amie qui avait recueilli milady
Parker, et l'enfant de cette dernière. Le
traître irlandais le jeta à la mer, comme
il l'a lui-même rapporté. Willson na-
gea avec force pour rejoindre le vaisseau, mais la nuit était tellement obs-
cure, et le brouillard si épais, qu'il
sentit bientôt que ce serait tenter l'impossible. Néanmoins, comme on n'a-
bandonne l'espoir de sauver sa vie que
le plus tard possible, le pauvre Willson continua à nager, sans se diriger
vers un but plutôt que vers un autre;
il ne forçait pas ses mouvemens pour
ne pas trop se fatiguer, et prolonger
son existence. Tout-à-coup un bruit,
qu'il connaissait fort bien, vint frapper
ses oreilles, c'était celui de deux fers

qu'on frappe l'un contre l'autre, moyen
en usage sur mer dans les temps qu'un
épais brouillard empêche de voir, alors
deux bâtimens pourraient se rencontrer,
se heurter et se causer mutuellement
beaucoup de dommage. Willson estima
qu'il n'était guères qu'à un demi-mille
de distance d'un navire, et il se hâta
de l'atteindre. Dès qu'il fut à la portée
de la voix il demanda du secours, on
lui jeta un cable, et bientôt il se trouva
sur le pont : il reconnut dans l'instant
même qu'il était tombé dans des mains
ennemies, c'était un corsaire de Tunis.
Il fut jeté à fond de cale avec un assez
grand nombre de prisonniers de différentes nations : il en reconnut plusieurs
de son pays qui lui dirent que *le pi-*
rate était l'homme du monde le plus
avare et le moins humain. Quelques
jours après le corsaire fut vivement
attaqué, et tomba au pouvoir d'une
frégate maltaise. Willson avait à peine
eu le temps de se féliciter d'être hors
des griffes du barbare Tunisien, quand
un nouveau combat le replongea dans
le malheur. Un corsaire algérien s'empara de la frégate, et l'emmena à Alger.

Tous

Tous les prisonniers furent vendus. Willson devint la propriété d'un juif renégat. On l'employa aux travaux les plus rudes. Malgré les mauvais traitemens qu'il éprouva, et plusieurs maladies, il résista pendant dix-huit ans. A la mort de son patron, sa vieille épouse, bonne et sensible femme, lui rendit sa liberté et lui fournit les moyens de retourner dans sa patrie. En arrivant à Penrith, lieu de sa naissance, il ne trouva vivans ni son père ni sa mère, mais l'un et l'autre en mourant avaient confiés à un ami une petite somme pour être remise à leur fils si jamais il reparaissait dans le pays. Le procès qui allait se juger excita sa curiosité, sans pourtant se douter que le scélérat Humphrey y jouerait un des principaux rôles. Il le reconnut aussitôt qu'il parut au tribunal, et attendait que le greffier eût terminé la lecture de l'horrible confession du coupable, pour lui demander ce qu'il avait fait de la nourrice et de l'enfant, sur lesquels il avait pris, à son arrivée, des informations sans succès.

Quoiqu'il ne restât aucun doute sur

l'identité du lord Herbert Parker, on s'en assura par la lecture des papiers qu'on trouva dans l'endroit désigné par Humphrey. Le paquet adressé à milord comte Macclesfield, contenait l'extrait de mariage de milord Edmond Parker avec Caroline Merciful, l'acte de naissance d'Herbert Parker, et de plus une longue lettre à sa seigneurie milord comte Macclesfield, dans laquelle milady Parker priait le père de son époux de reconnaître et de protéger son petit-fils, etc...... — Infortunée Caroline ! dit le vieillard en s'essuyant les yeux, tes vœux furent remplis bien avant que ta touchante prière arrivât jusqu'à moi. Dors en paix dans la nuit du tombeau, je veux, autant que possible, réparer envers ton aimable enfant les torts affreux dont toi et ton cher Edmond fûtes les victimes. Durant quelques jours le comte parut dévoré d'une sombre tristesse, mais le spectacle du bonheur général chassa petit à petit ces noirs et poignans souvenirs.

CONCLUSION.

Jetez s'il vous plaît un coup d'œil sur ce miroir magique, devant lequel je vais faire glisser l'ombre de tous les personnages qui ont joué un rôle dans mon roman. Il me semble juste que le lecteur apprenne ce qu'ils sont devenus.

Il est je pense inutile de dire que les quatre nouveaux mariés, lord Herbert Parker et Edwine Parker sa cousine, Richard Parker et Diana Glimmer, furent parfaitement heureux. En commençant leur histoire j'avais le projet de ne leur susciter des traverses que pour leur faire mieux apprécier la félicité que je leur destinais. Je ne puis assurer que leurs descendans jouiront d'une prospérité sans mélange, puisque j'ignore si la Providence leur accordera de la postérité. Jusqu'à présent la jolie taille d'Edwine et de Diana n'ont nullement perdu de leur forme svelte et élegante.

Milord comte Macclesfield totalement converti, est devenu le meilleur ami de ceux qui, long-temps, le regardaient comme le plus pervers des hommes.

M. et mistress Irwine continuent à s'aimer et à se faire aimer de tout ce qui les entoure.

Mistress Lovely et M. Barfort comptent bien finir leurs jours au sein de l'amitié.

Thomas Parker se demande quelquefois, lequel de son fils ou de son neveu lui est le plus cher. C'est un problême que son cœur n'a encore pu résoudre.

M. Jack Glimmer apprit en même temps la mort de son frère, sir Walter, et le legs que lui avait fait un riche parent de sa femme. Sa nouvelle fortune ne l'enivre pas plus que ne l'avait fait son changement d'état; il continue à faire de fréquentes promenades sur les bords de la mer, et a eu plus d'une fois le suprême bonheur de sauver la vie à des naufragés ; sa bonne et digne épouse, l'excellente Molly, demeure à Quickly-raised-Lodge, avec son ancienne amie, mistress Jenny Willson.

L'honnête Peters et le vieux Samuel,

trop caducs pour continuer à donner leurs soins à l'hospice des deux Richards, passent leur temps à se raconter pour la centième fois, les événemens concernant leurs chers bienfaiteurs.

Miss Arabell Traversley, ayant conservé jusqu'à l'âge de cinquante-cinq ans le désir de se marier, devint enfin l'épouse d'un jeune enseigne de milice qui ne mit guères plus de six mois à manger sa petite fortune, puis la laissa librement regreter le titre de miss.

Dorothy Greennwater mourut à la prison de Bridwell, où l'avait conduit un goût décidé de s'approprier le bien d'autrui.

Bob Castel est toujours le valet-de-chambre d'Edward Irwine; il a refusé un établissement que voulait lui procurer son maître, pour vivre et mourir à son service.

M. Toogood, vicaire de White-Chapel, continue à mériter l'estime des honnêtes gens.

Le portrait trouvé sur Herbert était celui de Caroline Merciful, milady Parker, l'humidité en avait effacé les traits. Les lettres initiales des deux ovales étaient celles, *P. M.* et *E. C. Parker Merciful, Edmond Caroline*.

Le colonel Mischievous crut se consoler du mépris de miss Parker, en prenant une femme, douée comme elle, d'agrémens extérieurs ; l'événement l'a totalement détrompé, on m'a assuré qu'il était fort malheureux.

Des personnes qui étaient à Williamsbury dans le temps de la catastrophe arrivée à milord Parker, ont écrit à leurs correspondans, que le ciel avait exercé une vengeance terrible sur le coupable auteur du crime et sur sa famille. Alfred Stapletton, ayant enlevé une femme mariée, son mari l'arrêta dans sa fuite, et lui fit faire son procès ; les circonstances aggravantes ne permirent pas de pallier ce qui fut, avec raison, considéré comme un rapt. Il fut en conséquence condamné à être pendu et tous ses biens confisqués. Ses deux sœurs, Sarah et Alithea, qui avaient aidé à l'évasion du couple criminel, furent déportées. Dans quelques pays, l'argent eût pu apaiser cette malheureuse affaire, mais la probité américaine ne transige pas avec la conscience.

Le duc d'Argyle fut puni de sa dureté envers sa fille, lady Caroline, par la conduite barbare que les enfans jumeaux qu'il avait eu de sa seconde femme tinrent avec lui ; il eut une vieillesse pénible et souffrante, et ne trouva dans ses fils que de mauvais procédés et l'ingratitude la plus révoltante. Il était entièrement paralysé lorsqu'il mourut, et n'eut pas la consolation de voir des yeux humides l'entourer quand il rendit le dernier soupir.

Mistress O-Kiel, femme de charge de la duchesse douairière d'Argyle, et complice d'Humphrey, après le départ de ce dernier, tomba dans la disgrace d'Augustin, et fut chassée de l'hôtel Armsbury, sa coupable existence se termina à l'hôpital des pauvres.

Mistress Scold, gouvernante de lady Caroline, femme avare et égoïste, mourut de chagrin à la suite d'un vol qui lui fut fait, et qui la réduisit à la pauvreté.

Emma, la femme-de-chambre de milady Parker, qui l'avait suivie à la Caroline, après avoir favorisé les coupables desseins d'Alfred Stapletton, devint l'épouse du nègre, cause de sa trahison. L'établissement qu'ils formèrent ne prospéra pas, le ménage se brouilla. Emma était vive, le nègre emporté, une querelle qu'ils eurent ensemble se termina par des voies de faits : Emma reçut un coup mortel à la tête, le nègre se sauva dans les montagnes et se joignit à une bande de nègres marrons, il fut tué par un de ses camarades. Emma exista encore quelques mois ; les remords qu'elle éprouvait rendirent sa fin terrible. Il y a peut-être encore quelques personnes qui échappent à ma mémoire, mais elles sont d'un si léger intérêt pour le lecteur, que je crois pouvoir dire, *le reste ne vaut pas l'honneur d'être cité* (*).

(*) Cinna.

FIN DU CINQUIÈME ET DERNIER VOLUME.

DE L'IMPRIMERIE DE LEFEBVRE,

RUE DE LILLE, N°. 11.

éduit le pauvre, et ceux qui nais-
t dans ces climats où l'homme
peut sortir de l'état de nature.

Louis XV , cédant au vœu de
cœur autant qu'à la politique
régent , dans un âge où il ne
voit avoir de volonté bien pro-
ncée , eût épousé l'infante qu'il
oit agréée , il auroit épargné à sa
tant de malheurs affreux : mais
é providence appeloit au trône
rie Lekzenski , fille de Stanislas,
ui le régent avoit accordé un
e en Alsace.

Certainement lorsque ce prince
ut cet illustre réfugié dont la
e avoit été mise à prix, et que ré-
moit le roi vainqueur , il étoit
n éloigné de penser que l'œuvre

Tome I.   B